谨以此书献给困扰于亲子沟通的父母

父母金句

父母的一句话，足以改变孩子的一生

［日］石田胜纪 著
赵晓菲 译

南海出版公司
2024·海口

图书在版编目（CIP）数据

父母金句/(日)石田胜纪著；赵晓菲译. -- 海口：南海出版公司, 2024.4
ISBN 978-7-5735-0711-2

Ⅰ.①父… Ⅱ.①石…②赵… Ⅲ.①家庭教育 Ⅳ.①G78

中国国家版本馆CIP数据核字(2024)第031201号

著作权合同登记号　图字：30-2023-086
KODOMONO JIKOKOUTEIKANWO TAKAMERU JUNO MAHONO KOTOBA
by Katsunori Ishida
Copyright © 2018 by Katsunori Ishida
All rights reserved.
First published in Japan in 2018 by SHUEISHA Inc., Tokyo.
Simplified Chinese translation rights arranged by SHUEISHA Inc., Tokyo through NIPPAN IPS Co., Ltd.

本书由日本集英社授权北京书中缘图书有限公司出品并由南海出版公司在中国范围内独家出版本书中文简体字版本。

FUMU JINJU
父母金句

策划制作：北京书锦缘咨询有限公司
总 策 划：陈　庆
策　　划：宁月玲
著　　者：［日］石田胜纪
译　　者：赵晓菲
责任编辑：张　媛
排版设计：刘岩松
出版发行：南海出版公司　电话：（0898）66568511（出版）　（0898）65350227（发行）
社　　址：海南省海口市海秀中路51号星华大厦五楼　邮编：570206
电子信箱：nhpublishing@163.com
经　　销：新华书店
印　　刷：天津市蓟县宏图印务有限公司
开　　本：889毫米×1194毫米　1/32
印　　张：4.75
字　　数：95千
版　　次：2024年4月第1版　2024年4月第1次印刷
书　　号：ISBN 978-7-5735-0711-2
定　　价：49.00元

南海版图书　版权所有　盗版必究

前言
你咒骂过孩子吗

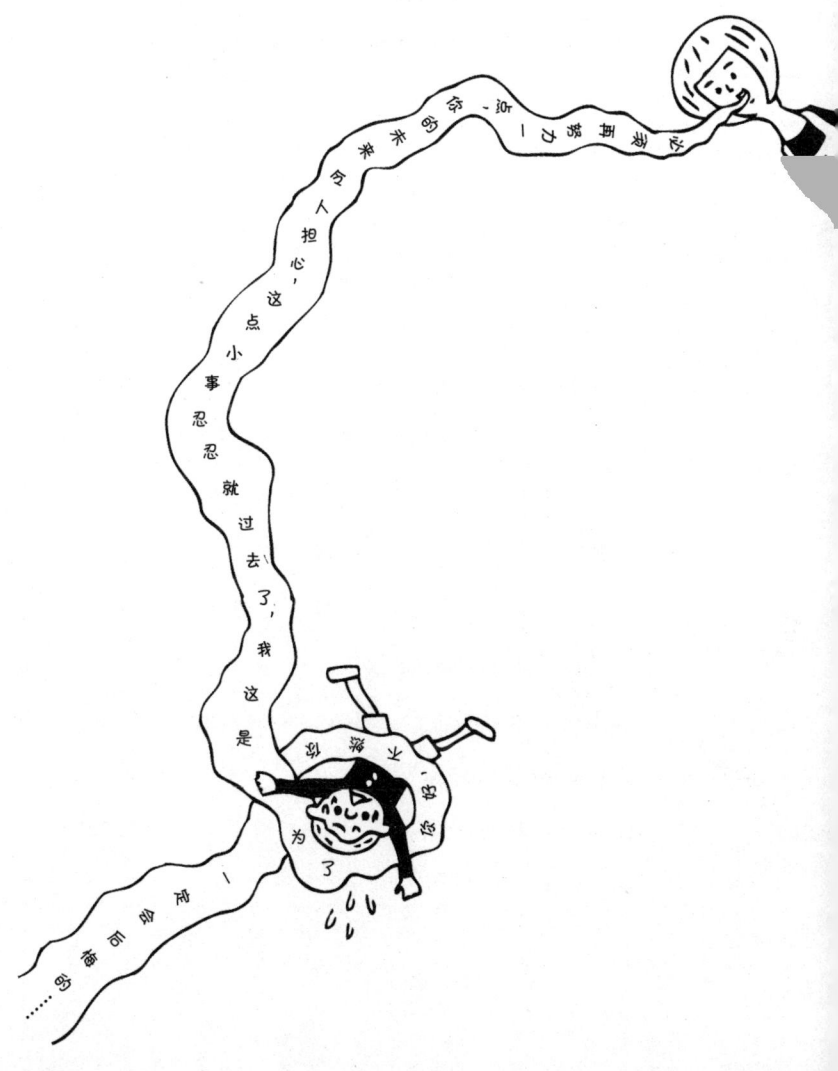

首先，我想问一个问题。

迄今为止，你对孩子说过以下这些话吗？

"这点小事忍忍就过去了！"

"再这样大家都会讨厌你的。"

"以后后悔的是你自己。"

"你怎么都没什么朋友？"

"你这样没人会喜欢你的。"

"人家不会笑你，只会笑话你的父母。"

"考不上好学校最痛苦的是你自己。"

"你将来可怎么办啊，愁死我了。"

"你又没法靠脸吃饭，只能努力学习了。"

"这点小事都做不好？"

"笨死了，真丢脸！"

"我可是为了你好！"

"你姐姐就样样比你强"

……

此前我们对小学三年级至高中三年级的孩子进行了问卷调查。问卷中有这样一个问题："父母说的话中，自己最讨厌、听到后心情最不好的一句话是什么？"孩子们的答案中，频繁出现了以上这些话（除此之外还有很多）。

大人们会苦笑着说："小时候家长也是这么说我的，少说有一百遍。""家长都这么说话。"然而现在，曾经是孩子的大人当家长后，也忍不住对自己的孩子说出同样的话。这难道不令人叹息吗？

这些话其实都是绝不能对孩子说的话，是"禁语"。

我突然告诉你"这些话相当于咒骂"，你或许会感到不可思议吧？

作为作者，我知道"咒骂"是个非常不吉利的词。甚至每次说到"咒骂"这个词的时候，我心里也久久无法平静。

有些家长心里可能会觉得不太舒服："我怎么可能会咒骂自己的孩子！"

但是，刚刚列举的那些大人们的无心之言，确实就是咒骂。

通过调查问卷的答案，我们能够看出父母们内心的不安。他们希望自己的孩子能够成长为出色的人才，希望能把孩子养育成一个正直的人，希望可以排除孩子前行道路上的一切艰难险阻。

但是，父母想要表达的和孩子实际接收并感受到的却有着天壤之别。实际上孩子只能感受到家长不知不觉中发出的消极信号。

"这点小事都做不好？"
"这么笨，真是丢脸！"
"你得再努力啊！"

每天都听到这样的话，孩子的心里就会形成消极的自我认知，比如"糟糕的自己""惹人嫌的自己""什么都比不过别人的自己"……这样的认知会在不知不觉中根植于孩子内心。

简而言之，这些看似无意的话，其实就是降低孩子的自我肯定感，破坏他的潜力，阻碍他取得成绩的罪魁祸首。

我在教育领域工作了三十多年。二十岁开始自主创业，创办了一家补习学院，在一家初高中一贯制学校进行教育管理改革。我还去读了教育学硕士，在大大小小的演讲会上分享我的经验，和妈妈们一起举办分享育儿经验的下午茶式学习会（名为"妈妈学习会"），为上市公司进行员工培训……一点一点地坚持拓宽自己的视野，我深入参与了许多教学工作。

通过面对面交流指导三千五百多个孩子，通过讲座等方式

指导超过五万个孩子后,我明白了一些道理。其核心之一就是:

孩子是不会自己垮掉的。
孩子只会被父母的话压垮。
这就是现实。
至于被压垮的原因,就在于自我肯定感。

自我肯定感是什么?可能有很多不同的定义,而我认为:**自我肯定感就是能够肯定自己的价值,从心底觉得自己是非常重要的存在。**

简单来说,就是要喜欢自己,对自己有信心。

这也可以说是一种对自己的积极暗示。

自我肯定感的高低会影响学习成绩、个人潜力、身份认同甚至生活品质,对于成年人来说同样重要。

任何父母都会为孩子的未来着想,都希望孩子具备高学历和社会常识,这是理所应当的事情。但是,我认为:既然自我肯定感如此重要,比学习力和通识、教养还重要,那么就更应该优先培养孩子的自我肯定感。

本书将提出一个倡议:不要试图改变孩子,要先改变自己的表达方式。

只要父母的表达方式变得积极，孩子的自我肯定感就会提升。

只要父母的表达方式变得积极，孩子的未来就会改变。

"停止咒骂，试着用下'魔法金句'吧。"

听起来很有趣，不是吗？一分钱也不用花，也不用花太多精力。

如果总是在想"不可能那么简单""肯定很难""不可能做得到"，你可能就不会成功。但是，如果想得轻松一些，抱着"那就试试看吧"的心态，相信你的世界一定会变得有趣起来。

语言既可以成为武器，也可以成为魔法。

与其对"停止'咒骂'真的能提高学习成绩"感到怀疑，不如抱着"就实验两周看看"的心态来试试看吧。

在轻松的氛围中使用"魔法金句"，不要一副苦大仇深的样子，是让其发挥出最大功效的诀窍。

施加压力

目录

第1章　为什么必须提升孩子的自我肯定感

很多孩子认为"成绩"就是自己的价值　　014
"只看缺点"会拖垮孩子的成绩　　017
自我肯定感与孩子未来的幸福息息相关　　020
提高学习成绩是获得自我肯定感最直接的方式　　023
破坏孩子自我肯定感的"禁语"①"快点"　　027
破坏孩子自我肯定感的"禁语"②"好好做"　　031
破坏孩子自我肯定感的"禁语"③"快去学习"　　033
大人听了也觉得刺耳的话　　037
只要不再使用"禁语",自我肯定感就会提升　　040

第2章　提升孩子自我肯定感的十句"魔法金句"

使用"魔法金句"来封印"禁语"　　046
认同篇 让孩子发挥才华的三句"魔法金句"　　048
①真棒！②不愧是你！③很好呀！

使用技巧1 使用"魔法金句"时要放轻松,
要开朗,要若无其事　　050

使用技巧2 "真棒""不愧是你"不要用在
学习方面　　052

| 使用技巧3 | 学习方面请用"很好呀" | 056 |

亲子间的信任建立在学习之外　　　　　　058

| 使用技巧4 | 积极赞美学习以外的小事 | 060 |

感谢篇 满足孩子内心的三句"魔法金句"　　065

④谢谢！⑤我真开心！⑥你帮了我大忙了！

使用技巧5	"谢谢"要用心表达	067
使用技巧6	"三管齐下"，效果倍增	069
使用技巧7	"我真开心"是对勇气和善良的赞美	071

佩服篇 培养孩子自尊心的两句"魔法金句"　　073

⑦原来如此。⑧你说了我才知道。

| 使用技巧8 | 说到一定要做到 | 075 |
| 使用技巧9 | 尝试和孩子像朋友一样交谈 | 077 |

安心篇 让孩子变坚强的"魔法金句"　　079

⑨没问题。

使用技巧10	"没问题"前面不要加"一定""绝对"	081
使用技巧11	重要节点前不要说"没问题"	083
使用技巧12	多对自己说"没问题"	085

批评篇 敲响孩子内心警钟的"魔法金句"　　087

⑩一点儿都不像你。

| 使用技巧13 | "一点儿都不像你"只用说一次 | 089 |

第3章　育儿难题，你问我答

Q1 答应帮忙做家务，却出尔反尔　　　　　095

Q2 不管怎么说，孩子都不学习　　　　　　098

Q3	孩子主动提出报补习班，结果却逃课	102
Q4	孩子学写字时耍小聪明	105
Q5	孩子沉迷游戏怎么办	107
Q6	假如突然开始夸奖孩子，孩子会不会感到困惑	110
Q7	孩子不管做什么，都是三分钟热度	112
Q8	平时很少与孩子聊天，没有机会使用"魔法金句"	114
Q9	"魔法金句"的效果可以持续到几岁	117
Q10	即使封印了"快去学习"这句话，孩子的成绩仍在下降	119
Q11	找不到孩子的任何优点和长处	123
Q12	孩子既没有梦想也没有目标，让人很担心	126
Q13	孩子的爸爸老说"禁语"怎么办	128

第4章 父母也需要提升自我肯定感

父母的不安会化为对孩子的"咒骂"	132
希望和绝望总会一同到来	134
有时需要学着"放弃"	137
父母感到幸福，孩子才会幸福	139
创造属于自己的心动时间	142
对自己施展"魔法金句"吧	145

后 记   148

第 1 章

为什么必须提升孩子的自我肯定感

很多孩子认为"成绩"就是自己的价值

你知道吗？日本孩子的自我肯定感明显低于美国、中国和韩国的孩子。

日本《关于高中生的生活与意识的调查报告》（平成二十八年[1]日本文部科学省"教育再生实行会议"资料）显示，在"我的能力只是普通水准"一问中，只有7.4%的人选择了"非常认同"。

然后，在"有时候觉得自己很没用"一问中，选择"非常认同"和"大概认同"的加起来达到了72.5%。**也就是说，超七成的日本年轻人"有过自己很没用的想法"**。调查报告显示，日本孩子在自我认同的认知上与其他国家的孩子有很大的差异（参见下页图表）。

因为存在多种影响因素，如国籍、文化、历史观念、学校教育、家庭环境和孩子本人的悟性等，所以很难明确地总结出

---

[1] 平成二十八年即公元2016年。——译者注

现这种结果的原因。

但是,凭借我在教育领域三十多年的工作经验,我认为:

"大多数孩子的自我肯定感,都被考试成绩榨干了。"

在小学低年级阶段,所谓"学习"还只是"游戏"的延伸。但是,到了三四年级以后,越来越多的孩子开始有意备战中考,参加补习班的测试及模拟考等,甚至开始接触"选拔"类考试。

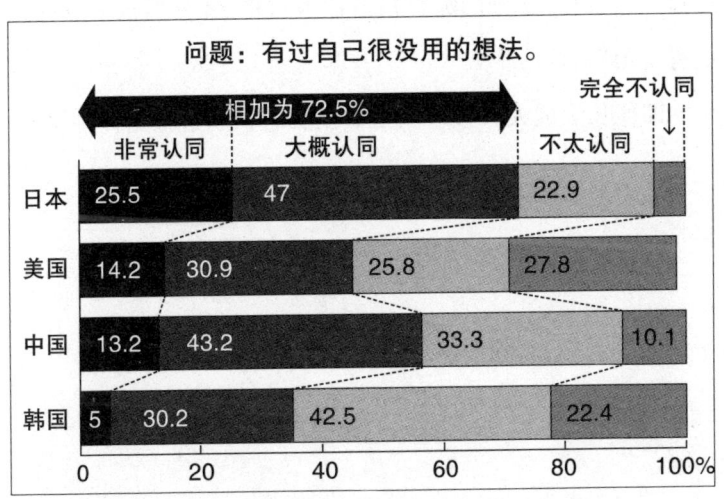

注:平成二十七年(2015年)日本国立青少年教育振兴机构
调查对象:高一至高三年级学生

《关于高中生的生活与意识的调查报告》统计表

一旦上了中学,定期举行的期中、期末考试就开始了,考试结果会被可视化为冷冰冰的分数,孩子在不知不觉中被排序。

此外，在高考中，成绩成了更为重要的衡量标准，加剧了"学校序列化"的形成，将学习成绩的高低直观地暴露在每个人的面前。

结果就是，很多孩子产生了"学习成绩就是自己的价值"的错觉，并失去了自信。

请试着回忆一下过去。当还是个孩子的时候，你有没有想过"考试得72分的那个孩子比考试得53分的孩子更优秀、更有价值"？

即便长大成人，很多人依旧没有意识到这只是一种错觉。

"只看缺点"会拖垮孩子的成绩

"发扬优点"和"纠正缺点"这两个词都很常见。但是,"纠正缺点"的做法在亚洲国家的父母间似乎已经成为主流。

然而,在西方,赞扬长处并发展优势不仅体现在教育领域,在商业场合也同样成为标准做法。**具体说来,就是"先发扬优势,劣势自然会跟着改善"**。

举个例子,当孩子拿着100分的英语试卷和50分的数学试卷回家,你会怎么说?

许多妈妈只会淡淡表扬一句得了满分的英语(甚至有些妈妈会直接无视英语):"英语不错,可是数学是不是太差了?英语已经够棒了,数学得再努力一点。"然后就只盯着50分的数学提出一堆要求,并不断发牢骚。

比起优点,大部分人会更多地关注别人的缺点。

"该表扬的地方就表扬,该提醒的地方就提醒。这有什么不对吗?"

的确如此,但是从提高自我肯定感以及提高学习成绩的角度出发,这种应对方式就是错误的。

"为什么做不到?"
"你好好学习了吗?"
"你不想学了是吗?"

看着试卷和成绩单,父母一遍又一遍地给出这样的回应,孩子所能感受到的就只会是父母的烦躁情绪。

明明父母的本意是支持和鼓励,却夹带着愤怒、讽刺、挖苦,这样一来,说出的话就变为了咒骂。

如果父母总是以"你这儿不行""那里也错了"来挑剔孩子,对孩子咄咄逼人,孩子的积极性就会下降,甚至会越来越讨厌数学。长此以往,数学成为弱科也就在所难免。

这里顺便分享一下我的处理方式。如果是补习班上的学生或者我的孩子来向我汇报考试成绩,我会这样说:

"哇,英语 100 分啊。很努力嘛,真好。你做到了。"首先要真心诚意给予称赞(准确地说应该是"认同")。

至于数学,则会说:"50 分吗?哦,这样啊。"只需要接受事实就好。

不论成绩是好是坏，对已成定论的事情指手画脚没有任何意义。

重要的是，孩子也不觉得 50 分有多光彩，他并不满足于现状。

不过一般来说，孩子不会主动问"该怎么办才好"或"为什么成绩上不去呢"来寻求家长的建议。所以，我会问孩子："那么，你觉得该怎么办呢？"孩子通常会回答："想要成绩再提高一点。"此时我会提议开一个"战略会议"，一起重新解题并分析错误的原因。

修正了错题，下次就能做对。所以我才常说"错误与失败是宝藏"，教育孩子时要对出现的错误与失败心存感激。

假如每次犯错后都能有这样的经历，孩子就不会害怕犯错与失败了。

自我肯定感与孩子未来的幸福息息相关

自我肯定感低的孩子有一个共同点,那就是在日常生活中经常会使用消极的语言:

- "反正我不行""果然不行""没办法"→为自我设限的话语
- "烦死了""讨厌""让人火大"→拒绝对方的话语
- "我真没用"→自暴自弃的话语

对我来说,这些话听起来就像是孩子的哀叹和悲鸣:我不想失败,我不想受伤害。

即便去尝试也可能不会有好结果,不想再看到失败后悲伤的自己——这些都代表着孩子在"自我防卫"。

孩子每天都会遇到新的人和事,并从中不断汲取知识和情感体验。

越是有自信的孩子,越不怕失败。他能迎接更多的挑战,成功的经验自然也会更多。即使失败了,他也能从中获得经验教训，把失败化作成长的动力。

与之相反，没有自信的孩子惧怕失败，在面对新机遇时总是犹豫不决。成功的经历少，还易养成"逃避的习惯"，把"成功"拒之门外。

另外，没有自信的孩子对于人际交往中的摩擦和矛盾也会反应过度，认为自己被否定了。他的心灵有易碎倾向，脆弱也是自我肯定感较低的孩子的特征之一。

相反，自我肯定感较高的孩子，具有以下共同点：

- **经常使用"我可以""没问题""我想试一试""我没事"等积极向上的话语。**
- **能够很好地表达自己的观点。**
- **不会"玻璃心"。**
- **对他人和自己都很宽容。**
- **不做无谓的争吵。**

自信的孩子往往更愿意相信别人，相信自己所处的世界，因此有更好的协作精神，并且能够积极乐观地看待事物。

与"逃避的习惯"相反，"尝试的习惯"带来了一种愿意接受各种挑战，对任何事物都能积极投入的态度。不断的尝试与试错，为自己赢得更多机会。

总而言之，自我肯定感较高的孩子富有挑战精神，他更可能得到发挥自己才能的机会，也更容易感受到快乐等积极情绪，幸福感自然也跟着水涨船高。

一句话总结就是，他"懂得让生活充满快乐的方法"。

- **自我肯定感高的孩子会为了快乐生活而不断努力。**
- **自我肯定感低的孩子会为了得到他人和普世的认可而不断努力。**

你希望自己的孩子成为哪一种？

提高学习成绩是获得自我肯定感最直接的方式

近年来,随着科学技术的飞速发展,儿童的娱乐方式也发生了巨大的变化。

在个人电脑和智能手机普及之前,儿童的娱乐方式其实是丰富多彩的。

打球、爬树、钓鱼、抓虫、过家家、做塑料模型、滑旱冰、跳绳、玩卡牌游戏、填涂色书……

孩子至少擅长其中一项,得到朋友和家人的"真棒""真厉害"等夸奖也很多。

通过各种游戏,孩子能够在潜意识里感受到自己:
"被期待。"
"被依赖。"
"被需要。"
肯定自我的感受便油然而生。

不仅是玩耍,在许多小事上也是如此。

跑得快,能说出很多怪兽的名字,动画人物画得很好,读了很多书……

只要有一件事能让孩子认为自己了不起,他就会为自己感到骄傲。这也正是培养自我肯定感的"土壤"。

但是现在,孩子的娱乐已经集中在电脑游戏上,对于那些不太擅长游戏的孩子来说,被认可的机会大大减少了。

那么,现在的孩子都是如何培养自我肯定感的呢?

现在不再像以前那样在玩耍中获得自我肯定,而是主要通过学习,尤其是主科的学习成绩来培养自我肯定感。

虽然我不想简单地用"风气"二字来概括"以学历衡量自我价值"的现象,但这的确是不得不承认的现实。

当然,学习成绩并不能代表一切。

那些在音乐、体育、美术方面表现出色的"小天才"们也有着"我很棒!我能做到"的坚定信心。因此即使主科成绩不理想,他们的自我肯定感也不会下降。

"啊——语文考试只考了40分……"就算泄气也只是暂时的。

"就算语文成绩一般,但是我有别的才能,所以没关系。"他们并不会轻易地否定自己。

然而,绝大多数孩子都很"普通",没有这些天赋和特殊的才能。

大多数普通孩子只能接受成人的审视,在名为"学习成绩"的衡量标准下被打上冷冰冰的分数,这严重降低了他们的自我肯定感。

这些普通孩子的自我肯定感又如何才能得到提高呢?

最简单的方法就是提高学习成绩。

自我肯定感因为成绩排名而受到影响,那么自然就要提高成绩,重新获得自我肯定感——就是这么简单。

可是每当说到这里,每个人都苦笑着回应我:"所以就是说这个最难嘛!"但是,对于孩子来说,能让自己感到自信,能够产生自我肯定感的成绩是因人而异的。

我之所以致力于提高孩子的学习成绩,并不是为了让所有孩子都以好成绩为目标努力学习,考进名校。

为了孩子的幸福生活,我希望孩子拥有"够用"的自我肯定感就好,而这同样需要"够用"的学习力。

其实,比起期待音乐、体育、美术方面的特殊才能觉醒,提高学业成绩显然更为快捷。因为我们的童年绝大多数时间都花在学习主科上。

提高自我肯定感,就能提高学习成绩。

学习成绩的提高,就能提高自我肯定感。

在迄今为止的教育生涯中，有许多孩子用事实向我证明了"自我肯定感和学习成绩是紧密联系在一起的"。

这有点像"先有鸡还是先有蛋"的因果悖论。我认为，先以一个领域为突破口，那么自我肯定感就能如益生菌一般，不断分裂增殖。

只要开始分裂增殖，益生菌就会越来越多。但是假如没有益生菌，就不会有新的益生菌产生。

日常生活中父母激励孩子的话语，就是帮助孩子制造益生菌的关键。

破坏孩子自我肯定感的"禁语"① "快点"

"我尽量不说伤害孩子的话。"

"我在组织语言的时候十分注意。"

即便是如此小心翼翼与孩子沟通的妈妈们,有时也会一不小心说出一些消极的话。

"快点。"

"好好做。"

"快去学习。"

这三句话是妈妈们对孩子说得最多的,我相信大家都深有体会,甚至已经成了许多妈妈的口头禅。

但是这三句看似随意不太有冲击力的话才是最破坏孩子自我肯定感、最不该用的、负面效果100%的"禁语"。

简单来说,尽量少说这三句"禁语",最好能把它们从日常

生活中抹去，孩子的心灵才会产生积极的变化。

请不要觉得"这也太简单了吧"，根本没有想象中那么容易。很多妈妈的现实是：就算心里明白，有的时候还是会一不小心脱口而出。

"快点起床""快点准备""不要看手机了，快点睡觉"……"快点"是妈妈们在日常生活中常用的高频副词之一。

但是，你知道吗？孩子和父母对时间的感受其实有很大的不同。

"人类的体感时间长短与年龄成反比。"

这就是珍妮特法则[2]。比如，对于一个十岁的孩子来说，一年只占他人生的十分之一；对于一个四十岁的成年人来说，一年则占他人生的四十分之一。也就是说，大人的体感时间流逝得更快。

根据这个法则，四十岁家长的一小时相当于一个十岁孩子的四小时。尽管这个解释有点简单粗暴，但是事实确实如此：孩子的时间流逝速度约比成年人慢四倍。

---

2 珍妮特法则，由法国哲学家雅勒·珍妮特提出，指随着年龄的增长，体感时间会变短。其中一个原因是"生活中缺乏新鲜感"。孩童时期，每天都有新体验和新发现。然而，成年之后习惯于每天重复的日常生活，没有新鲜感，就会感到时光飞逝。——译者注

"快点做！"

"我正准备做！"

这种体感时间的偏差，是导致亲子间经常发生此类争吵的原因之一。

首先要记住，孩子的时间流逝比成年人要"稠密"好几倍，他的体感时间更加缓慢。

"快点"这个词最大的问题就在于——妈妈变成了一只"闹钟"，时时刻刻控制着孩子。

例如，妈妈每天早上都会对孩子说："别磨蹭了，快点去上学！"这是每个家庭每天都在上演的一幕。

但是，为什么我们每天都要重复这样的话呢？那是因为孩子还没有养成"准时出家门"的习惯。

也就是说，现在已经形成的机制是"家长大叫着'再不去上学就要迟到了'，然后孩子才走出家门"。

家长的"快点"变成了闹铃，在听到家长的"快点"之前，孩子不会采取任何行动。在警报没拉响的时候，按兵不动是很正常的事情。

同样，家长不去叫就不起床的孩子，可能也是因为家长已经取代了闹钟。

说一遍也就算了，假如父母一直催"快点快点"，孩子会觉得还来得及——于是，安心地不注意时间，安心地磨磨蹭蹭，安心地不采取任何行动。

当家长的"快点"闹铃常态化后，孩子将会变成这种"闹铃"的傀儡。即便长大成人，也没办法自己起床，没办法准时出门，约会总是迟到……除掉极个别情况，习惯性迟到的一大原因就在于此。

破坏孩子自我肯定感的"禁语"② "好好做"

"好好吃饭。"

"好好穿衣服。"

"坐好。"

"好好打招呼。"

这是父母在教养孩子时经常挂在嘴边的叮嘱。仔细想想,难道你不觉得"好好做"这个词其实是一个非常抽象、模糊、难以理解的词吗?

"好好做"究竟是什么意思?

其实父母也不太明白是什么意思,所以孩子听到"好好做"时,只会感到很疑惑:"好好做"是什么意思?不明白。

其实,"好好做"是能够有效缓解家长压力的术语。有时候我们只是在用语言表达我们的烦躁情绪。

"好好做"这句话的背后,隐藏着家长利己的希望——"做个好孩子""不要让我难堪"。

假如让孩子一直听到这样的话,他会在不知不觉中自卑,觉得自己是一个有缺陷的人,如:

"我没办法好好表现,我是个没用的孩子。"
"我有许多不足之处。"
"我是让父母蒙羞的、不成器的孩子。"

"好好做"是破坏力极强的"禁语",它会慢慢地让自我否定感根植于孩子的内心。

破坏孩子自我肯定感的"禁语"③ "快去学习"

每说一次"快去学习",学习成绩就会下降一点。

这可能有些夸张,却未必不是一个警告。"快去学习"是一个相当具有负面能量的词。

说到底,并非所有努力学习的孩子都能学得好。真正会学习的孩子并不会为了"学习"而学习,他们是因为"学习很开心""学习有意思"才去学习的。

学习力,是自发地、积极地去学才能得到提高的。如果是被逼着学习,其效果显而易见。

被逼着学习还会削弱积极的情绪。

如果面对学习的时候总是消极的心态(如没意思、痛苦、不想做),那么无论怎么努力,学习成绩都不会提高。即使家长逼着孩子学,他也永远学不会。

哪怕成绩有所提高,那也只是暂时的,孩子不可能在负面情绪的持续积累下获得好的学习力。

想要提高学习成绩，其实只需要做好一件事——"让孩子保持积极的心态"，仅此而已。

（至于如何让孩子的心态变得积极，我们将在下一章中详细介绍。）

孩子是天生的"好学者"，无一例外。据说，求知欲是可以与人类的本能（比如食欲和睡眠欲）相媲美的欲望。每个孩子的身上都拥有这种求知的欲望。

果真如此的话，只需要让孩子的心态变轻松，他的能量就能得到释放。

父母歇斯底里地不断重复"快去学习"，只会冻结孩子求知的欲望，让孩子的心态变得消极。

当心态变得消极时，孩子对"学习"也就失去了兴趣，成绩自然就会跟着下降。

不想被命令，不想被逼着做事，这无可非议。

不强迫孩子做不愿意做的事。
不挖苦孩子。
不要一直怒气冲冲。

哪怕只做到以上三点，孩子的心态都会开始变得积极。（但是有很多家长因为做不到这些事而感到困扰，该怎么办呢？本书就是为了回答这个问题而诞生的。）

能够证明"当家长开始不再要求孩子学习时，孩子就开始学习了"的案例数不胜数。我们从各地接受过咨询的妈妈们那里听到了很多好消息："老师，我不再催促孩子之后，他（她）真的开始主动学习了。"

"快点。"
"好好做。"
"快去学习。"

这三句话都会让人变成"别人不说我不做"的、失去自主性的人。

每次听到这些话，孩子接收到的信息是：你是个"别人不说你就做不到"的孩子、没用的孩子、软弱的孩子。长此以往，孩子真的会认为自己"没用"。

如果是充满恶意的话，家长是比较容易克制的。但是对于妈妈们来说，这三句话几乎是交谈中的"必需品"，顺嘴且不易察觉。

这些话只说几次或许并不会对孩子造成伤害,但是日积月累呢?

家长烦躁的情绪与消极的信息会慢慢渗入孩子的心灵,摧毁孩子的自我肯定感。

这就是我将其称之为"禁语"的原因。

大人听了也觉得刺耳的话

如果你的丈夫(妻子)对你说了下面这些话,你会有什么感受?想象一下吧。

"快点做饭。"

"好好打扫。"

"为什么不每天都洗衣服呢?别人家里一般每天都洗。"

"别看电视了,快去洗碗。"

如果他(她)说话的时候看起来很高傲,甚至有些不耐烦,你能很舒服地做家务或完成工作吗?

"我已经很快了!"

"什么叫'好好做'?这不是正在弄吗?"

"别人家里每天都洗?我有我自己的习惯。"

"烦死了,我本来打算看完这集电视剧就去洗碗的!"

你会不会这样发脾气呢？虽然不至于因为他人的催促而大发雷霆，但是干活的积极性会大打折扣，这让人感到非常不愉快。

其实，孩子也一样。

孩子也会因为家长命令的语气和接连不断的"禁语"而生气。

请务必在心中尝试这样的模拟体验。

消极的语言有多大威力？我想家长们应该有点，不，应该相当理解孩子的感受了。

"今天的饭菜很好吃！"

"谢谢妈妈每天打扫卫生！"

"洗完澡永远有干净的浴巾用，真开心！"

如果有人肯定你的付出并对你表示感谢，无论是家长还是孩子，无论是丈夫还是妻子都会感到高兴，心情自然也会明朗起来："好，明天也要继续努力！"

为了提高孩子的自我肯定感和学习力，充满正能量的内心是不可或缺的。因为当心灵感到满足时，一个人才会变得宽容，对原本不想做的事情会觉得"试试看也无妨"。这是一种积极意义上的"变心"。

语言既可以产生负能量，也可以产生正能量。

只要不再使用"禁语",自我肯定感就会提升

只要父母能改变他们的语言习惯,孩子的学习成绩就会提高,这样的案例数不胜数。

语言,足以改变一个人。

不,可能不止如此。通过参与一线教育活动及演讲会,我意识到:语言塑造人生。

孩子非常单纯。他对父母毫不怀疑,用心去接受和吸收父母所有的话。

不久前,我补习班上的一个学生经常说"我学习好差",他的成绩也很快下降了。

我很担心,当和这个学生的母亲面谈时,我非常惊讶地发现她一遍又一遍地重复:"我家孩子随我,就是不会学习。"

这位母亲的"就是不会学习"不知不觉中刻在了孩子心里,于是"不会学习"就变成了现实。

这不正是一种"咒骂"吗?

"反复强调的话语,就会成为现实。"

被反复强调后,语言变成了一种强有力的暗示,影响着人们的行为与思考方式,甚至影响着人的外貌和气质。

这样看来,可能正是语言构筑了自我。

在培训领域,有一个术语叫作"自分泌[3]",指的就是"自己说的话会对自己产生影响"。

当父母对孩子说话时,父母(本人)的耳朵和大脑也重新接收了一遍这些信息,这意味着父母说的话对他们自己也产生了影响。

父母反复对孩子说的那些消极的话,无一例外也全都会传进父母自己的耳朵里,不知不觉中负面信息传递给了父母本人。

如果家长说"别人都会笑话你",那么家长和孩子都会感到不安。

如果家长说"这点小事都做不好",那么家长和孩子都会变得无能。

---

3 自分泌是生物学中细胞学的一个专业术语,指一个细胞分泌某种激素后,该种激素结合到这个细胞表面受体上,将信息传递给自己从而发挥作用。此处为引申含义。——译者注

如果家长说"你是个坏孩子",那么家长和孩子最终都会变坏。

这简直就是消极意义上的"一石二鸟",父母和孩子都会变得越来越糟。

"咒骂孩子等于双倍损失",请有意识地尽量避免使用消极语言,停止咒骂吧!
只要不再说"禁语",咒骂也就被消除了。

大人也讨厌"禁语"……

第 2 章

提升孩子自我肯定感的十句"魔法金句"

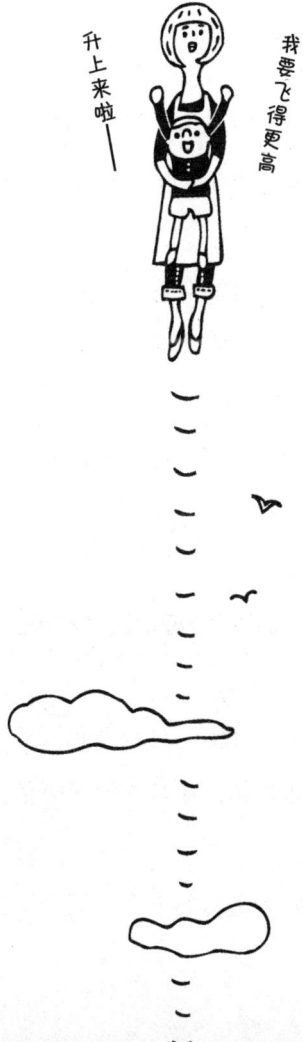

使用"魔法金句"来封印"禁语"

只要停止使用消极的话语,孩子的自我肯定感就会上升。但是,在短时间内戒掉已经形成口头禅的消极话语是一件很难的事情。

"如果不说出来,我可能会更生气。"

"我知道这样不好,但我就是做不到,什么也不说,心情反而更糟了……"

如上所述,有些妈妈的烦恼反而加深了,她们失去了信心,甚至感到内疚。

在这种情况下,请你一定要试试"积极的表达方式"。

人的情绪不可能同时集中在积极和消极上。在生气的时候笑出来,同时攻击和防御,在批评的同时信任……这可真是难于上青天。

所以,你需要把注意力集中于"笑容""认同"和"信任"

这些积极的方面，这样一来自然能够抵消消极思维的影响。

语言也是如此。

既然不能同时使用积极语言和消极语言，那么就频繁使用积极语言，这样消极语言冒出来的机会就会越来越少。

此外，即使已经说出消极语言，也可以通过使用积极语言来实现语言的"覆盖"。

所以，不要责备自己，也不要因为"今天又对孩子发牢骚了""我又说难听的话了"而感到沮丧。只要在找到孩子的优点后（现在没找到也没关系），轻松自然地多使用几次积极语言，用令人愉快的表达方式覆盖掉消极的影响就好了。

只要多使用积极语言，减少消极语言的出现频率，就能简单又快速地提升孩子的自我肯定感。

在本章，我们将分享十句能够提高孩子自我肯定感的"魔法金句"，以及一些实用的表达方式。

> **认同篇**
> **让孩子发挥才华的三句"魔法金句"**

①真棒!

②不愧是你!

③很好呀!

"所谓'魔法金句'就这么普通吗?"也许你会有点失望。

这三句话,以及接下来将依次介绍的"魔法金句",都非常简短,是平时经常能听到的"没什么大不了的话"。

"魔法金句"并非什么具有冲击力的至理名言,也不是什么出人意料的话。

不仅限于心理训练,世界上还有很多话语可以用来激发孩子的动力,让他反省自己的所作所为,并给予他勇气。

但是这些话在任何情况下都可以使用吗?

"嗯,这种时候该说什么来着?"假如说一句话需要犹豫一下,感觉不找好时机说出来就没效果,那这样的话并不实用。

不论赞美还是说教,父母似乎总是在唠唠叨叨。但长篇大论很难在孩子的心里留下印迹。给孩子留下深刻印象的不是父母的激情澎湃,也不是他们的苦口婆心,只有孩子自己的消极情绪:"太长了,不想听了。"

然而,如果是比较简短的语言,孩子就会开始想象其"言外之意"。**如果是积极的词,那么孩子就会展开积极的想象,语言所具有的"快乐"能量就将渗透进孩子的内心深处。**

简短,任何人在任何时候都可以使用,能够切实触及孩子心灵的有效语言。这就是我所推荐的"魔法金句"。

有效的"魔法金句"是非常简单且容易的词,不过在使用时稍微需要一些技巧。

使用技巧 1
使用"魔法金句"时要放轻松,要开朗,要若无其事

在我们的教育理念当中,称赞绝非坏事。

不过,我会说:"不要称赞,要彻底地给予孩子认同。"认同这种行为与称赞几乎没什么不同,但是在称赞孩子时,家长往往过于夸张,或是稍显刻意。

这种不自然的称赞会让孩子嗅到"拙劣演技"的气味。一旦他识破父母的谎言,称赞就会产生反作用,孩子会产生逆反、焦虑、失望等情绪,然后对父母"拒之千里"。

那么,家长们要怎么做才能避免"露馅"呢?

其中一个技巧就是一定要在轻松的氛围下使用。

再就是给予孩子认同时,要够开朗,要若无其事。

认同是一种积极的行为,任何人在任何时刻都可以表达出来,不必刻意。

同时,与称赞相比,认同对对方的刺激更小,也不会让对

方觉得厌烦,是最适合用来提高孩子积极性与自我肯定感的语言了。

一定要简洁明了地表达出"真棒""不愧是你"和"很好呀"。

因为人没办法抗拒轻柔和缓的东西,所以称赞不能靠"硬挤"。当身体、心灵和情绪都放松下来时,你说的话就能畅通无阻地渗透进孩子的内心深处。

得到父母和周围人认同的孩子会为了得到大家的认同,而变得越来越努力。

"轻松、开朗、若无其事"的传达技巧,并不仅适用于这三句话。本书中提到的"魔法金句"都可以使用这个技巧。它是使用要点,同时也是秘诀。

所以,"称赞"孩子这件事,千万不要用劲过猛。不要为了表扬而表扬。

使用技巧 2
"真棒""不愧是你"不要用在学习方面

假设孩子在测试中得了满分,作为父母,你们一定会对孩子赞不绝口,因为这是你们一直在期待的事。对于认真努力的孩子,只要表扬他,他一定会在下次考试中努力争取考得更好。这其中包含着为人父母的私心。

但是,就算再怎么高兴,最好也不要在这时说"真棒""不愧是你"或"太厉害了"之类的话。

这是大多数人都会犯的错误,也是最需要留神的错误。

"真棒""不愧是你""太厉害了"这些话,是不能使用在学习方面的。

为什么不行呢?

"真棒""不愧是你"这样的称赞能让孩子感到高兴和自豪,一时之间内心满足,兴高采烈。

但是,假如下次考试只得了 70 分,会怎样?还能像拿到满分时那样高兴吗？

如果家长还夸"真棒！70分太优秀了"，那这种一眼就会被看穿的把戏就骗不到孩子了。因为在称赞时，父母并没有从心底觉得这个分数"真棒"。硬挤出来的笑容背后，父母失落、沮丧又焦虑的眼神一定会被孩子察觉。最终，这种"称赞"恐怕只会被孩子当成讽刺和挖苦。

当成绩下滑时，大多数父母会说：

"唉，真是太遗憾了。下次努力就好。"（安慰型）

"你有在好好学习吗？是不是不够努力？"（劝告型）

或者这样说：

"其实你就这点本事。"（讽刺型）

父母们，怎么样？你们的反应是不是这样？

如果父母的反应总是会根据考试成绩的高低而产生差异，那么孩子就会认为：偶尔得了满分时的自己很棒，但是只要没拿到满分自己就不那么棒了。这样一来。孩子的心情就与父母的心情状态绑定在了一起，一起变得忽上忽下，阴晴不定。

最终，为了得到父母的关爱，孩子就有了"考试必须拿高分"的价值标准，并且在未来的人生中也将继续遵循这一价值观。

这就是父母不应该被考试成绩所左右，也不应该态度忽好忽坏的原因。

这么做只会给孩子带来额外的压力，他会认为："下次也必须拼命考满分，这样才会被表扬。"

你可能会想：难道压力不会成为前进的动力吗？其实，压力也分好坏，而学习通常更容易被负面压力影响。

学习好不是单纯靠努力，假如盲目努力，成绩迟早会下降。

学习必须拥有强烈的求知欲与好奇心，才能够不断前进。面对能够满足好奇心的学习及作业，孩子会觉得非常开心，觉得学习很有意思，变得对学习非常感兴趣。这根本不需要"努力"。喜欢的事情、愿意去做的事情，即便不刻意去努力，孩子也会主动不断前进。

另一方面，需要被动努力的事大多数都是被人逼着做的事，或者是不想做却不得不做的事。

因此，要求孩子努力读书，只会给孩子带来额外的负面压力。

即使通过努力取得了好成绩，也只是暂时的，并不会有主动学习所获得的成就感、满足感以及学习本身所带来的喜悦。

你以为你是在激励孩子，其实只是给了孩子更多的负面压力。

我希望父母们能认清这个事实。

当然，看到孩子考了 100 分，还是可以单纯地为孩子感到高兴的。

不要说"你真了不起"之类的话(不做价值判断),坦率地告诉孩子"妈妈很开心",就是非常好的回应了。

在传播学中,我们把这种以"我"为主语,将切身感受直接传达给对方的行为叫作"我讯息(I Message)"。

看到妈妈不掺杂其他感情,高兴地说着"真开心"的样子,孩子一定会很高兴吧。他会想"下次也想让妈妈感到开心",这样就产生了学习的动力。

使用技巧 3
学习方面请用"很好呀"

既然在学习方面不能用"真棒""不愧是你",那么我们该如何表扬孩子在学习方面的成就呢?

此时闪亮登场的就是:

很好呀!

我也会对自己补习班上的学生以及自己的孩子使用这句话。

"啊,你得满分了啊!很好呀!"

"这样啊,很好很好,真的不错!"

像这样爽快地表达出"我认可你的努力,我也很高兴"的心情就可以了,点到为止。

如果孩子在下一次考试中只得了 70 分,你可以说:"哦,是吗?这次得了 70 分啊。"单单将此结果作为事实接受就好。不管是 100 分还是 50 分,家长的回应都应该是给予孩子认可。

相比起"赞美","很好呀"这句话更接近"认可"的意思，同时，也是一个语义不那么沉重的词。

夸张的称赞刺激性太强，也不太耐用，所以要注意其使用方法。

然而，广义上来说也属于称赞的"很好呀"，由于语义量感轻盈，适用范围较广，所以不仅适用于学习，在任何场合都可以放心使用。

这种轻盈的量感就是"很好呀"这句话最大的魅力与功效所在。

当孩子不断听到"很好呀（即认可）"这句话，他会感觉到自己得到了肯定和尊重。

亲子间的信任建立在学习之外

为什么我们不能在学习上使用"不愧是你"和"真棒"这两句话呢?

我再展开讲讲。

说到底,学习就是指老师在学校所教授的,学生从老师那里所学的东西。

对孩子来说,家长就是家长,家长绝对不是老师。但大多数家长往往认为自己是孩子的"老师"。

父母会对孩子的学习进行评估、下达命令并亲自指挥。**家长的"教师化"是导致亲子关系紧张的首要因素。**

家长不是老师。如果能认清这个现实,那么家长肯定会减少因为学习成绩而称赞或责骂孩子的次数。

因为学习就是不断犯错,边试错边不断前进的过程。

成绩不好很正常,出现错误也很正常。我们不断重复犯错到纠错的过程直至找到正确答案,才能取得更好的成绩。

犯的错够多才有利于成长。明明不犯错误就不可能在学习上有所长进，可是为什么父母发现孩子的错误或是缺点时却总是会指出"为什么这点小事都做不好""你这样不行"？显然这样只会毁掉孩子成长的机会，让孩子的自信心不断减退。

在学习中"指出错误"，是教师的天职。

所以，外行人不要在学习方面训斥、指责或是称赞孩子，这一点至关重要。

亲子间的信任建立在学习之外。

因此，请在学习以外的日常生活中，有意识地多对孩子说"真棒""不愧是你"。

一起看同样的景色，一起吃饭，一起聊天，一起玩耍，一起锻炼……请在学习以外的场合进行各种各样的交流，在亲子间建立起牢固的信任关系。因为学习以外的场合，才是最适合建立牢固亲子关系的环境。

听到父母正面积极的话语，孩子就能建立起自信：我很棒，我是个有价值的人。

这种在日常生活中建立起来的自信，很快会对孩子的学习产生积极的影响。

使用技巧 4
积极赞美学习以外的小事

虽然"真棒"和"不愧是你"不适用于学习,但是它们适用于日常生活中的很多场合,比方说,以下这些场合:

● 游泳课上潜水成功时

→"呀,已经学会潜水了?真棒!"

体育、绘画与乐器演奏是最能凸显孩子潜力与才能的领域。请尽情称赞孩子,让他越来越自信。自信的孩子一定会觉得"好开心""真有趣",也一定能在这些领域不断进步。

● 当孩子成为小队长或小组长时

→"不愧是你!""太帅了!""真厉害!"

不仅限于担任了领导角色的时候,哪怕孩子只是负责一些小事、扮演一些小角色时也可以积极称赞孩子。这可以激发孩子的责任感、积极性和领导能力。

● **看益智答题类节目答对题目时**

→ "太厉害了，这你都知道！""真聪明啊！"

即便是大人，抢答正确时也会很开心。益智答题类节目是表扬孩子的绝佳机会。只要答对题目就马上可以称赞"太聪明了吧""你可能是个天才"，让孩子在积极的层面"误会"自己。

● **黄瓜切得好的时候**

→ "真棒，切得比妈妈切得都好。""你有做饭的天赋啊。"

对于孩子大胆尝试的事情，一定要给予绝对的支持。通过对能力（技能）的认真称赞，孩子会发现自己的天赋。

● **抓住虫子却选择放生的时候**

→ "好善良！""你很有同情心呢。"

表扬孩子不经意间的体贴、善良与同情心时，家长的赞扬中包含着这样的信息：我看到了你善良的那一面，妈妈很欣慰。因为善良被表扬的孩子，最终会成长为善良的孩子；因为聪明被表扬的孩子，最终会成长为聪明的孩子——足见积极语言的影响之大。

●孩子有很多朋友时

→"这是你的天赋。""真让人羡慕呀。""这是非常难得的。"

称赞孩子的人格魅力,比如孩子的沟通能力很强,比如孩子的人缘很好——这些都可以带给孩子自信心。我们要告诉孩子:丰富的人际关系既是人的一种天赋,也是人生的一大财富。

●当孩子沉迷于游戏时

→"玩得挺流畅啊!真棒,反应很快嘛。这个操作也太神奇了!"

请记得一定不要表示出惊讶或讽刺、挖苦,试着简单地称赞孩子的游戏技巧。称赞的目的是让孩子感到满足,让他的心态变得积极向上。

(至于怎样应对沉迷于游戏的孩子,我们将在第107页展开详细讨论。)

除此之外,还有很多其他"称赞场景"。比如:

- 掰手腕很厉害。
- 容易被小猫小狗亲近。
- 擅长垃圾分类。

- 将广告里的英语发音模仿得惟妙惟肖。
- 不挑食,不论什么菜都吃得很香。
- 擅长模仿。
- 擅长开瓶盖。

……

生活中处处都有可以称赞孩子的场景。

越是小事,越是无关紧要的事,实际上越是表扬孩子的绝佳机会。孩子的优点和长处到底是什么呢?其实你可以这样想,孩子的优点和天赋就埋藏在日常生活之中,等待着发芽破土。

你可能会困惑:"就算表扬了这种小事,又有什么用呢?"正因这些都是微不足道的小事,我们才需要不断地表扬孩子。

我会告诉大多数前来咨询的父母:除了学习方面,可以再多"溺爱"孩子一点。请多多表扬孩子,让他得意忘形也没问题。

因为孩子乐于做的事情、努力尝试的事情,无论多么微不足道,都与他的"天赋"有关。

同时,受到表扬而心满意足(即自我肯定感强)的孩子面对讨厌的事情时,抵触情绪较轻。此时,面对人际交往、日常生活甚至学习,孩子都将变得"宽容",这势必将引起"成绩提高"的积极连锁反应。

父母对孩子的好成绩大加赞扬，这种行为背后其实是希望孩子取得更好成绩的贪婪。一旦育儿的过程中掺杂了贪婪的欲望，一切都不会太顺利。

当然，也有相当一部分家长认为即便因为孩子会爬树而表扬他，也不会有任何好处。但是，正因为"不会有任何好处"，所以表扬爬树的行为本身不存在任何欲望与私心，有的只是纯粹的"认同"与"肯定"。

正因为有这些看起来毫无意义的"真棒"，所以才能较好地提升孩子的自我肯定感，产生积极的作用。

察觉到这种理论的人，他的孩子的成绩一定会不断提高……这也是育儿中存在的不可思议的真理之一。

感谢篇
满足孩子内心的三句"魔法金句"

④谢谢!
⑤我真开心!
⑥你帮了我大忙了!

这三句话都是父母向孩子表达感谢、喜悦等情感时说出的感性的话。与"优秀""聪明""很棒""了不起"等表扬的话或评价完全不同。

但是,"得到父母感谢"的满足感完全可以与"得到父母较高评价(表扬)"的满足感相媲美。

当孩子认为"自己帮上了忙""做出了自己的贡献"时,他能够切身感受到有人需要他。

当父母对孩子说"谢谢""我真开心""你帮了我大忙了"的时候,孩子就感受到了被人赞赏的幸福。

在孩子帮父母做事时,完成了父母的请求时,温柔体贴他人时,请务必对孩子大声说出这三句"魔法金句"。

"在别人面前不好意思说出口""等周围没人了我一定说"是绝对不行的。感谢只有当场说出才能传达到孩子心里。

有这样一条教育格言:"懂得感恩的孩子路会更长。"但是在此之前,一定是先有"懂得说谢谢的家长"。

表达"感谢",不能仅仅是"有机会我就说",而应该积极地创造可以向孩子表达感谢的机会。

比如,家长可以说:"能帮我拿一下报纸吗?""能帮我给花浇水吗?""把草莓分到盘子里。""给爸爸拿一下纸巾。""送快递的哥哥来了,你能帮忙接一下吗?"……

请多多向孩子提出帮个小忙的请求吧!不要用居高临下的命令语气,而是要表达出"帮我一下"或"我需要你的帮助"的请求意味。这样家长表达感谢的机会就会变多了。

使用技巧 5
"谢谢"要用心表达

日语中的"谢谢"源自佛教用语，它的本意是"难得的""稀有的"。

"谢谢"这个词蕴含着"获得珍贵事物"的意思，其词义建立在"尊敬与感谢"的基础上。

佛教教义中有这么一句话："人只要拥有这两件东西，就能过上幸福的人生。"

那么，这两件东西是什么呢？健康？爱情？金钱？天赋？名誉？即使你对佛教教义不感兴趣，可能也会好奇答案吧。

其实，能够保证过上幸福人生的两件东西就是"感恩"与"欢喜"。

欢喜，就是欢乐与喜悦。感恩，则是一种感激之情。

"谢谢"一词是人生幸福不可或缺的有力话语，所以必须用心传达。

在便利店、快餐店之类的地方听到的标准生硬的"谢谢光临"或敷衍了事的"谢谢"之所以没办法深入人心，是因为没有"用心"。

虽然，"谢谢"这句话本身就具有一种积极的力量，但是为了让这股力量能够完美地直接传达给对方，请一定要用心说"谢谢"。

另外，请不要忘记感谢孩子所取得的成就，也不要忘记感谢他的努力与勇于尝试的精神。

- 端茶过来的时候洒了一地。
- 帮家长收衣服，但是有些还没干透。

在这种情况下，不要只看结果，而是要感谢孩子主动帮忙的好意。

请用心表达"谢谢"。

使用技巧 6
"三管齐下",效果倍增

最近,街上(包括超市或餐厅)经常能听到妈妈对孩子说"谢谢",积极的声音正不断渗透进人们的生活。令人意外的是,有许多家庭都会有意识地去说"谢谢",从好的意义上来说,说"谢谢"的人和听"谢谢"的人都已经习惯了。

在此,我建议各位家长可以在"谢谢"之前再加一句。比如,让孩子帮忙给浴缸放水时,家长一般都会说"谢谢"。请试着在前面加上一句"你帮了我大忙了",这样就会变成"你帮了我大忙了,谢谢"。

这样说,能够让孩子更强烈地感受到他"帮助了别人"。能够为他人做出贡献的喜悦会激励孩子继续选择帮助别人。

如果孩子主动帮你端碗,家长可以试着在"谢谢"后面再跟上一句"我真开心"。

"你帮忙端来的呀?谢谢,妈妈真开心。"

简单明了就好。

除非真的感到很开心,否则成年人一般不会主动在"谢谢"后面加上"真开心"。刚开始可能出于害羞、尴尬,家长或许会有点难以启齿。但是"真开心"这句话所传达的信息,不论是说话的人还是听话的人,都会从中获得快乐。

与其只说一句"谢谢",不如说"谢谢,我真开心"或"我真开心,帮了我大忙了",让效果倍增。 孩子帮助他人后获得的强烈感受,将帮助他形成快乐的反馈机制。

使用技巧 7
"我真开心"是对勇气和善良的赞美

"我真开心"这句称赞有的时候甚至可以超越"太厉害了"或"真棒"。

假设在地铁上,孩子把自己的座位让给了一位老人。

此时,与其称赞他"真了不起"或"你做了件好事"(这两句都属于客观评价),不如直接表达出对孩子的主观感受——"妈妈真开心"。

即便是不值一提的事情,当妈妈传达出"我真开心"的信息后,孩子会这样想:妈妈是为了什么而感到开心呢?孩子会展开积极的联想,为自己感到自豪。

原来自己一个小小的善意举动都会让妈妈开心不已,感觉就像得到了一枚意想不到的勋章。

这会给孩子带来更多的"喜悦"与"充实感"。

此外,小声提醒孩子"这可是很难做到的事情呢",也会有

很好的效果。

这会让孩子觉得自己"完成了很难做到的事情",自己是"难得一见的宝藏小孩",是值得骄傲的存在。

孩子会越来越多地发现自己的价值,培养自己的勇气、温柔与自信。

心灵得到满足的孩子,即使不擅长运动,即使有不擅长的科目,也不会变得敏感又自卑,而是会孕育出健康又坚强的心灵。

佩服篇
培养孩子自尊心的两句"魔法金句"

⑦原来如此。
⑧你说了我才知道。

大人之间的对话中会出现,但是大人与孩子的对话中却不存在的东西……你知道是什么吗?

那就是"应和语"。

对别人说出的话作出实时反应,或是点头表示赞同,或是对问题作出回答,这就是"应和语"。

应和语就像是一个信号,表示"我正在认真听你讲话,确实听进去了"。

"原来如此"和"你说了我才知道"这两句表示佩服的"魔法金句",大致说来也属于"应和语"。

即使并非真心觉得"原来如此",大人们有时也会适当使用这些词来应和他人,这也可以说是成年人社交必备的应和语。

但是，亲子间的日常对话中，却很少有父母会认真倾听孩子讲话，也不怎么会用"原来如此"等应和语来回应孩子，不是吗？

这让亲子关系变成了上下级关系，父母并不认为孩子是平级的谈话对象。

另外，父母可能从来没有真心觉得能从孩子身上学到任何东西。

假如孩子不经意间在厨房里发现了一只不知名的昆虫，然后说："妈妈，这种虫子叫作皮蠹甲虫……"接着，孩子解释这种昆虫的习性。我觉得很少有妈妈会在这个时候赞叹道："原来如此！你说了我才知道！"

"原来如此""你说了我才知道"等这些在大人的世界里理所当然的应和语，如果使用在与孩子的对话中，孩子会意识到自己作为一个人被平等对待，他的独立意识会开始觉醒。

尤其是，懂得连父母都不懂的知识的优越感会直接与自我肯定感联系在一起。因此，请务必在日常生活中多多使用这两句表示佩服的话，让孩子感受到被敬佩。

这就是为什么我希望家长们可以积极给孩子创造机会，让孩子向你解释说明某事。

"这是什么呀""这个是怎么弄的呀"，不管是游戏还是漫画，抑或是玩具等，请大声向孩子提问吧。**家长对成年人不了解的世界表现出兴趣，就是"儿童成长计划"的第一步。**

使用技巧 8
说到一定要做到

有一种很有效的交流方式叫作"倾听",即除了认真倾听对方的话外什么也不干。对方哪怕只是不停地说话,内心也会不断得到满足,最后就会变得积极且充满力量。

假如你一直以来都是这样"倾听"孩子的话,那就太棒了。毕竟家长们也很忙,对孩子所有的"妈妈爸爸,听我说"都要一一回应未免有些太不合情理了。

如果手头有事情要做暂时不能陪孩子,家长首先要对孩子道歉:"对不起,我现在太忙了,之后再跟我说吧。"

接下来才是关键。家长一定要遵守诺言。只要答应了孩子之后再说,那么过一会儿一定要听孩子讲。孩子会记得很清楚。

另外,就算孩子闹脾气用"算了""现在不想说了""已经忘了"之类的话来拒绝你,也绝对不能冲孩子发火,或者表现得很失望。

记住你的承诺并履行承诺,这是非常重要的。

即便只是口头约定，当你违背了对孩子的诺言，他会觉得"根本不关心我要说什么"就是"根本不关心我"。这样孩子会产生与自我肯定感背道而驰的"自我否定感"。

曾经忘记过与孩子的小小约定的家长们，想起来了吗？

> 使用技巧 9
>
> # 尝试和孩子像朋友一样交谈

"原来如此""你说了我才知道"这些表示佩服的"魔法金句"只会在大人所不了解的世界中发挥作用。

比如，游戏更新的第一手信息，足球运动员的战绩或是喜剧演员的履历，昆虫、动物图鉴中的冷知识，刚刚在学校学过的历史古迹，主题公园的新节目，电视上看到的制作溏心蛋的方法，即将拍成电影的人气漫画作品……

当然，孩子的人生阅历无法与成年人相提并论。但是那些大人不再动心的事情，以及已经忘却的快乐，孩子却都懂得。

在与孩子对话时，适当地加入"原来如此""你不说我都不知道""你懂得好多啊""很有意思嘛"之类的应和语，孩子会更愿意与你分享见闻和想法。孩子说话时，注意要认真倾听。你会很惊讶地发现，孩子掌握的"情报"多种多样，不仅跟得上最新进展，而且还非常准确。

曾经有位妈妈很担心：把孩子当成大人，当成自己的朋友般对待,这样真的好吗?能建立起正常的亲子关系吗?

这也可以理解,家长们确实可能会有这样的担忧。

但是担忧之前,请先试着像对待朋友一样跟孩子来一次对话。

无论父母多么有意识地与孩子"平等"相处,只要亲子关系依然存在,便总会分出"上"与"下",这一点无法被掩盖。亲子间不存在绝对的"平等"。无论亲子关系是好是坏,无论是从身体、心理,还是从社会层面上来说,亲子之间永远都存在客观的上下级关系。

所以,至少在与孩子交谈时,请家长们试着打破这种上下级关系,跟孩子站在同一水平线上。

受到平等对待的孩子能够信任他的父母,并且能够在更深层次上开展亲子间的交流。

孩子绝不会看不起父母,这一点请家长们放心。

> **安心篇**
> 让孩子变坚强的"魔法金句"

⑨没问题。

你知道吗?据说世上90%的担忧都不会成为现实。

根据美国密歇根大学的研究,人们的担忧成为现实的概率是4%。企业家、励志类书籍作家厄尔·南丁格尔认为此数据为8%。日本禅僧大师枡野俊明则表示"世上九成的担忧不会发生"(摘自其著作《你担心的事,九成都不会发生》)。

事实上,我们所担心的大多数事情不过是我们的误解与妄想,其中九成都是"杞人忧天"。

背负没有必要的艰辛与担忧,简直像是在等待不幸降临在自己头上。

然而,即便有人说"你担心的事,九成都不会发生",也很少有人能够坦然接受。惴惴不安的心是无法轻易平静的。因此，周围人对我们所说的每一个"没问题"都是有必要的，这有利于我们保持内心的平静。

"没问题"这句话可以让我们意识到那些"无谓的担心""无用的痛苦""于事无补的忧虑"。

在孩子刚刚开始的人生道路上，恐惧也许与希望一样多。孩子的所作所为、所见所闻，对他来说都是初体验，因此自然会感到恐惧。能够浇灭未知所带来的恐惧与焦躁的，就是名为"没问题"的抚慰。

同时这也是十句"魔法金句"中唯一无可替代的话语。

> 使用技巧 10
"没问题"前面不要加"一定""绝对"

"没问题"这句话，请尽量在较为轻松的场合使用。

然而，有些家长会在孩子非常不安的时候郑重其事、斩钉截铁地说："绝对没问题！"这样做像是在给予心理暗示，只会适得其反。

当比较严肃地说出"没问题"时，孩子反而会更加不安："这是在告诫我吧，说不定我真的不行。"请笑着对孩子说："这种事没问题啦。"

就像"很好呀"这种认同的话语一样，"没问题"需要轻松愉快的氛围才能传达出其本意。

这样的氛围中，孩子会觉得："看来妈妈真的觉得没什么大不了的，那我应该没问题。"鼓励之意就可以在不走样的状态下直接传达给孩子。

另外，"一定"之类表示推测的语气词和"绝对"一样，也

不要加在"没问题"之前。

要是在入学考试、体育比赛或者钢琴演奏会之前对孩子说"一定会顺利的""一定没问题",孩子满脑子只会想"老这么叮嘱,看来不是百分之百能成功,万一我失败了呢",孩子心里只会不断想象失败的各种可能。"没问题"前加上"一定"的瞬间,失败等消极结果的可能性反而被凸显了。

加上"绝对"会让对方感受到过度渴望成功的压力,加上"一定"就会生出对"可能失败"的恐惧。

在我的补习班上,如果孩子面对难题时说"我做不了这么难的题",我一定会故意地不断重复说:"没问题,没问题。这题很简单,很简单。"

于是,我轻描淡写的态度渐渐营造出一种"也许真的很简单"的氛围,孩子便开始着手解题。

让孩子产生"好的误解"和"积极的错觉",可以说是"魔法金句"的精髓。

另外,"没问题"这个词不仅可以推动孩子迎接更多挑战,还可以让孩子通过更多的失败来明白:失败并不可怕,没什么大不了的。

失败也没关系——这种"乐观体验"能够在孩子心中种下冒险精神与乐观态度的种子。

使用技巧 11
重要节点前不要说"没问题"

在入学考试及比赛、表演等重要节点前,请不要说"没问题"这句话。

"没问题,没问题。总会过去的,没事没事",如果家长能保持轻松愉快的态度说出这样的话当然再好不过。但是这种场合,不少父母往往比孩子更紧张。

为了消除自己的不安,家长会说"没问题,你绝对能考上"或"想想你练习了多久,既然练习了那么多次就肯定没问题"。家长们悲壮地抓着孩子的手,这样做反而会给孩子增添压力。

听到父母如此断言的孩子会想:

"那要是有问题呢?"
"要是练习了那么多次却没做好,该怎么办?"
"如果我失败了,妈妈一定会很失望……"

最终孩子会陷入困境。

所以,最好不要勉强自己去鼓励孩子。

顺便说一句,在重要节点之前,不需要去感受压力。相反,应该尽情放松。简单地说,就是可以陪孩子一起玩。

去品尝美食,去逛海洋馆或动物园,去玩游戏,去卡拉ok唱歌,去逛街……什么都行。

换句话说,就是试着让孩子的不安情绪朝反方向发展,让他放松下来。

这样一来,孩子更容易发挥出自己的潜力。

平时使用"没问题"能够让孩子安心,也能让他有安全感。

如果父母和孩子都能放下每天的焦虑,多去积累乐观情绪,那么孩子就能在需要的时候发挥出自己的实力——这就叫作"平常心"。

使用技巧 12
多对自己说"没问题"

"没问题"对于父母来说也是一种锻炼。

即便是大人,也会生活在焦虑之中。或者说,活得越久,越会拿烦恼和担忧"当回事儿"。

这十句"魔法金句"不仅适用于孩子,对成年人也很有效果。其中,成年人最需要的就是"没问题"。

其实,我也经常使用这句话。

无论是居家、工作还是出去玩,我发现自己似乎总是在说"真好"和"没问题"。

前文举过这个例子,在补习班里面对较高难度的题目时,一定会有孩子慌张地说:"这题太难了,不会做,做不了。"

我的回应是:"没问题,很简单的。再仔细看看。把句子拆开来看,不就好理解了吗?没问题的。"我会一边给出一些小提示,一边不停地说"没问题"。

一看到题目，孩子就认定了这题很难、很复杂、没法做，但是，当冷静下来重新审题的时候，他往往会发现题目其实没有想象中那么难。当然有时确实会有超纲的题目，这种时候我会说"这个超纲了，现在先不用做"，顺其自然就好。

不仅仅是考试，世界上的大部分事情其实都没那么难，也没什么大不了的。

也许只是我们自己把事情想得太复杂、太严重。世界上所有的事情都是客观中立的，既不好也不坏，既不困难也不容易。重点是你如何看待它，因为做决定的人是我们自己。

假如家长认定"考不了高分就很糟糕""人生就是困难重重"，那么只会进一步加剧孩子的焦虑。

父母要反复练习放下自以为是的焦虑，多告诉自己"没问题"。

如果你常常把"没问题"挂在嘴边，不可思议的事就会发生：一切确实都在变好。

我知道这听起来有点像在骗小孩，但是"没问题"确实是一句非常特别的话，即使是大人也可以骗得过。

> **批评篇**
> # 敲响孩子内心警钟的"魔法金句"

⑩一点儿都不像你。

认同、感谢、佩服、安心……这些积极的"魔法金句"中,唯一带有消极意味的就是"一点儿都不像你"。

为什么"一点儿都不像你"这句话明明是在警告孩子,指出他不好的行为(比如使用暴力或者骂人等),却能提高他的自我肯定感?

这是因为"一点儿都不像你",认同的是"本来的你"。

这句话包含着以下信息:现在表现出消极行为的你,跟平时的你比起来有点奇怪。"一点儿都不像你"既不是否定,也不是拒绝,而是一种包容。

如果孩子明白了父母正在包容自己的事实,那么就算孩子的自我肯定感不能增加,至少也不会减少。

越是认真育儿的父母,就越容易不受控制地严厉斥责孩子。因为他们认为:必须把孩子引导到正确的道路上来,必须纠正孩子的错误。

但是,父母严厉的斥责与无情的否认可能会给孩子的心灵留下深深的创伤,还会让孩子感到内疚——"或许我不是个好孩子"。

"不行""不可以""这样做就是坏孩子""下次再这样,我就不管你了""真差劲",与其像这样歇斯底里地训斥孩子,还不如说上一句"这一点儿都不像你"更能触动孩子的心,让孩子真诚地改过自新。

使用技巧 13
"一点儿都不像你"只用说一次

- 和兄弟姐妹吵架。
- 乱发脾气。
- 说脏话。
- 说朋友或老师的坏话,欺负别人。
- 不遵守约定(超过规定时间后还在玩游戏等)。

请在劝诫孩子此类消极行为时使用这句话。

孩子对"一点儿都不像你"这句话的理解是"你本来不是会做出这种事的孩子",于是他就能回过神来。请记住:不要提高音量,而是要冷静严肃地告诫他。

- 因为没考好而情绪低落闹脾气。
- 不像平时那样按时完成作业。
- 不提交笔记。
- 不去上辅导班或不参加集训。

这种时候也要提醒一句"这一点儿也不像你（的所作所为）"。

请注意,"一点儿也不像你"这句话不要和"怎么了""为什么"这些话连用。

"怎么了？一点也不像你。""这一点也不像你会做出来的事,为什么要这样做？"就算说的时候总会忍不住也不可以,因为当被问到"为什么"时,孩子往往会关闭心扉。

请干脆利落地说出这句话："这可不像你会做出来的事。"

短短的一句话,所产生的效果却会持续很久。孩子会想："不像我做出来的事"是什么意思？于是便开始在内心检点自己的所作所为。

"怎么了"要等到孩子冷静下来之后,风平浪静时再问。孩子或许就会说出事情的原委,或是他所感受到的压力。

有些孩子可能比较天真,听到别人说"这一点儿也不像你"的时候,会反驳道："说什么呢？我就是这种人。"没关系,因为父母想要传达的已经确实传达到孩子心里了。

我家孩子太厉害了

第 3 章
育儿难题，你问我答

在本章，我们将整合一些来自"妈妈学习会"、博客及讲座上的提问。提出问题的妈妈们大多数已经实践过"魔法金句"，其中也有一些问题来自正在考虑尝试的妈妈们。

或许有些家长会觉得：有多少对亲子，就有多少种烦恼。这些问题与我们家无关，也不适用于我们家的情况。

但是，或许你可以从这些看似无关紧要的问题中找到一些使用"魔法金句"的具体案例，作为你使用时的参考借鉴。

每一种烦恼都与我们有关，请勿轻易弃读此章。

因为这里是让"魔法金句"变得更易实践的"特别答疑室"。

Q1 答应帮忙做家务，却出尔反尔

我是一名小学四年级男孩的母亲。我儿子虽然答应我会帮忙做家务（遛狗和清理猫砂盆），但是一让他去做他就找理由说"今天太累了，不行"或者"太麻烦了"。最终我还是拗不过他，只能自己去做，然后经常忍不住提高音量说一些"说话不算数太差劲了""你太懒了"之类的话。这也算是"禁语"吗？我认为这应该只是一种教育孩子的必要手段吧。

（化名　川上）

A 让孩子从喜欢的事情开始帮忙做家务吧

我认为这个孩子是那种"只做想做的事情，不做不想做的事情"的孩子。所以，不要勉强孩子去做他不喜欢或不擅长的事，试着先问出他所感兴趣的或喜欢的事，再开始让他帮忙。

你可能会认为我在要求你迎合孩子，但事实并非如此。观察孩子的心理活动是很重要的。

当孩子做自己喜欢的事情时，他会变得更加自信与从容，对待事物的态度会变得更宽容。不久，孩子就会开始主动接受

不擅长或不喜欢的事。

让孩子做他喜欢做的事情,不仅限于帮忙做家务,也包括学习、训练或者其他事情。

这位家长所提到的"说话不算数太差劲了""你太懒了"之类的话当然算是"禁语"。

父母出于教育目的所说出的任何消极的话,传到孩子耳朵里都会化为"咒骂"。所以,还是请多多使用"魔法金句"吧,比如"很好呀""谢谢""我真开心""帮了我大忙"等。

另一个建议是使用儿童手账。它的工作原理很简单:

① **孩子把每天(每周)要做的事记在手账上。**
② **每完成一项任务,就用红笔将任务抹去。**
③ **根据任务完成的类型和数量,给予提前设定好的积分。**
④ **每周(或每天)结算积分,换取奖励。**

就这四步。家长最好提前确定好要奖励什么,比如孩子喜欢的零食、玩具,"1 积分换 1 块钱"这种规则也不错。

看起来很简单,其实孩子会感受到"像大人一样拥有私人手账的喜悦""用红笔抹去任务时的快感",以及"兑换积分时的成就感",他的动力会不断增加。而且,这么做还能让孩子品尝到"完成自己计划好的事情"的乐趣与满足感,有着惊人的成效。

"开始使用儿童手账之后,孩子就能慢慢养成自主做决定的习惯。"很多妈妈们向我如此反馈。

  儿童手账是提高孩子自我肯定感的有效工具之一。请务必尝试一下。

Q2 不管怎么说，孩子都不学习

据孩子同学的妈妈说，他家的孩子不用父母提醒就会主动学习。可我家孩子（初一男生）不管我怎么唠叨都不学习。我想，也许我不去提醒，他就会主动学习，就像那个同学妈妈所说的一样。我默默地观察了一段时间，发现他不但没有一点学习的积极性，反而沉浸在课外书和动画当中。孩子之间的差距为何如此之大？

（化名　白鸟）

A 先确定你的孩子是什么类型，再去应对

首先你要明白，孩子可以分为两种类型：一种是"多任务型"，另一种是"单任务型"。

多任务型孩子的特征是：

- 做事比较懂要领，有条理。
- 对"怎么做"和"方法论"感兴趣，并沉迷其中。
- 虽然注意力不太集中，但因为喜欢观察周围环境，所以善于察言观色，比较有"眼力见"。
- 以"得失"为判断的依据。

单任务型孩子的特征是：

- **做每件事都有自己的节奏。**
- **自己喜欢的事情做得很好，不喜欢的事情则坚决不做。**
- **由于注意力高度集中，往往忽视周围，不太有"眼力见"。**
- **大多数不太喜欢收拾东西（当然，假如收拾东西就是孩子喜欢的事情，这一条就不适用了）。**

这两种类型的特征在孩子成年后也会保留下来。在社会上，我们经常会说到"通才"和"专才"，这两种类型就比较接近这个概念。父母和孩子的关系则可以分为以下四种：

第一种：多任务型父母 × 单任务型孩子

多任务型父母与单任务型孩子彼此的价值观差异很大，即使家长冲孩子发脾气，孩子也只会想：妈妈在生什么气？今天妆化得好浓……这样的父母与孩子往往拥有完全相反的想法。妈妈对孩子的言行举止感到头疼，因为她根本不知道孩子在想什么。这种组合可以说是亲子问题重灾区。

这种组合下，无论父母催不催孩子去学习，孩子都只会做自己想做的事情。如果父母说"现在好好学习，将来才能有回报，快去学习"（以得失为基准），孩子会觉得"不会的，我讨厌学习，所以我不要学习"（以好恶为基准）。换句话说，由于父母和孩子的价值标准不同，他们的想法永远都不会有交集。

提出问题的这位家长与她的孩子,可能就是这种组合吧。

对于单任务型的孩子,家长必须先投其所好。一旦孩子的兴趣得到了满足,就会像做其他事情一样主动去拓展。对于以好恶为标准的单任务型孩子来说,"兴趣就是最好的老师",运动、音乐、手工,什么都行。当找到自己可以专注的事情时,孩子会变得越来越积极,最终拥有自信。这种自信会成为突破口,逐渐波及其他方面——比如学习,并逐渐取得成果。

第二种:单任务型父母 × 多任务型孩子

单任务型父母与多任务型孩子的组合中,绝大多数都是所谓的"不走寻常路的妈妈与靠谱的孩子"。这种组合中,孩子倾向于不依赖父母,自己学习。父母也不怎么会对孩子指手画脚。经常会说"我都不怎么说我家孩子,他就主动去学习"的妈妈,大概就属于这种组合。

这位家长的问题描述中所出现的"什么也不说就会去学习的同学"大概就属于这种组合。

第三种:多任务型父母 × 多任务型孩子

多任务型父母与多任务型孩子的组合中,如果父母能够很好地教导孩子如何学习以及如何做事,那么孩子就能够提高洞察事物本质的能力,发现身边的很多问题,思考如何应对,然后采取行动。问好和收拾东西等事情也是如此,只要父母肯教,孩子就能做得很好。尤其是当理解了学会问好与收拾东西有多少好处时，孩子就更会倾向于做好这些事。但是，假如父母过于追求效率并开始管理孩子的话，孩子就会变得很逆反。

第四种：单任务型父母 × 单任务型孩子

父母和孩子都是单任务型。这种情况下，如果父母和孩子喜欢的领域互相匹配，那么孩子就可以专注于他的专业领域，并获得更大的发展。如果父母和孩子喜欢的领域不同，亲子间发生碰撞与冲突的可能性就会很高。

父母应该想开一点：每个人都有不同的价值观，这是很自然的事情。这样与孩子接触，孩子才能更好地成长。

以上内容并不是在说哪个组合好，哪个组合不好。重要的是，了解自己孩子属于哪种类型并加以应对。当然，家长绝不能强迫孩子与自己保持一样的类型。要意识到"自己与孩子是不同的个体"这个事实，与孩子保持一点距离，用乐观的心态守护他成长。

这种守护是对孩子的尊重，也是良好亲子关系的核心。

Q3 孩子主动提出报补习班，结果却逃课

我的儿子上小学五年级了。最近，他主动提出要备战小升初考试。为了尊重孩子的意愿，虽然报名得有点晚，但我还是决定让他从五年级开始上补习班。不过，他的热情好像只存在于前三个月，现在他好像会时不时地逃课。补习班那边打电话来问我："孩子没来上课，是发生什么事了吗？"他的成绩也没有丝毫提升的迹象。我猜，儿子大概是因为好朋友都开始上补习班了，不想搞特殊才说要备战小升初考试的。我对孩子说："要是不想上补习班就别上了，浪费钱。"他口头上表示明天开始就会好好上课、好好学习。我该如何应对才好呢？

（化名　小坂部）

A 请就备考的动机开展"亲子问答"活动

首先，要和孩子认真谈谈：上补习班的目的是什么？务必要孩子本人亲口说完理由，此时父母不能打断孩子。重要的是，让孩子来说，父母聆听就好。大多数孩子可能会说是"为了学习"。

父母:"那学习又是为了什么?"

孩子:"为了准备小升初考试。"

父母:"为什么要准备小升初考试?"

孩子:"为了考试能通过。"

(像这样不断地问"为什么"。)

父母:"那现在逃课又是什么意思呢?"

(像这样让孩子认识到现状。)

父母:"以后要怎么办呢?"

(决定权要交给孩子。)

如果孩子回答:"继续上补习班。"

那么,父母可以这样回答:"那以后如果你还逃补习班的课、不学习的话怎么办?"

这里要再次把决定权交给孩子本人。父母要做的就是彻底问清楚,不要等不及孩子回答就先说话,或者随意发表"这种想法很奇怪"之类的评论,要认真倾听孩子说的话。

在这样的亲子问答环节之后,假如孩子还是不学习、逃课的话,请按照之前告知他的,立即停了补习班的课。父母要"说到做到",这是家庭教育的基础。

至于为什么想要准备小升初考试,我认为任何理由都是有可能的。曾经的我也只不过是因为看到印着学校名字缩写的背包看起来很帅气,希望拥有一个这样的背包,才有了学习的动力。

如果问孩子为什么主动为考试作准备,大多数孩子都是出于自我满足的心理,"觉得去上补习班的自己看上去很帅"。

这些孩子的目标是"为了考试而去上补习班的自己",所以当开始去补习班,他们的目的就已经达到了,自然也就没有了动力。这就是为什么明明去了补习班,成绩却没有提高的原因。

让孩子清楚地说出考试的动机和上补习班的目的,让孩子自己意识到真正的目标到底是什么。这种亲子间的确认行为很重要。

Q4 孩子学写字时耍小聪明

我的女儿十岁了。前几天,看到她写字的方式,我不禁目瞪口呆。她不是一个字一个字地写,而是一口气把偏旁部首都先写好再组装起来。比如,有点就先写点,有三点水就先写三点水,有穴字头就先写穴字头……简直像是流水线自动组装汉字一样。笔顺也不讲究。不仅仅是字帖,她对待任何事情似乎都很草率,敷衍了事。每门课程的学习中似乎都倾向于跳过一些内容。我该怎么提醒她呢?

(化名 筱田)

A 学习新字时最好读出声音

如果目睹了这样的场景,我一定会对孩子赞不绝口。这并非开玩笑,她能发明出这样的方法是很值得称赞的。这个孩子的举动非常合乎情理,并非偷工减料。

说起来,我平时就会告诉学生在学习新的英语单词或汉字时,"通过抄写来记忆是在浪费时间"。你会发现试图通过抄写来记住生字根本不科学,因为这样做生字并不过脑。看到生字时的第一件事应该是"大声朗读"。

① 首先,如果手边有教科书,那就大声读五遍。这样在朗读的时候,字形就可以通过视觉进入大脑。读完后,大脑里也就形成了初步印象。

② 然后,只把教科书中出现的生字写下来,大概做三次小测验,看孩子是否知道读音。

③ 再反过来,根据读音做三次小测试,看能否写出汉字。其中写不出来的汉字,重新抄写三到五遍。

④ 考试前再做一次汉字测试,写错的汉字重新背三遍。

这是最有效、最有用、最可靠的汉字记忆法(记英语单词也是同理)。许多成绩优秀的孩子都是通过这种方法来高效地记忆汉字和英语单词的。

重要的是,不要上来就靠抄写来记忆,而是要不断反复地读。

这位家长的孩子使用的学习方法其实非常合理,并无特别不妥之处。不过,虽然合理,但是这样做无法在考试中写出正确的字,所以还是要让孩子学会上面提到的方法,如此一来就能解决问题了。

Q5 孩子沉迷游戏怎么办

我的儿子上小学五年级了，他很不喜欢学习，成绩差不多在中下游徘徊。平时沉迷于游戏，在家iPad从不离手。周末更是从早上就开始玩游戏并连续玩好几个小时。如果我强行拿走iPad，他就大发脾气。除了游戏之外，他对漫画和短视频也很痴迷，学习则根本想都不想。我为儿子的未来感到不安，每次看到他都会很沮丧。我不想再让他玩游戏了，希望他能好好学习，我该怎么办呢？我很着急。

（化名　久保田）

A 让孩子自己制定惩罚措施

过去的几年中，我常收到的咨询之一就是关于孩子沉迷游戏的烦恼。

为什么孩子只要在玩游戏，家长就会变得烦躁不安呢？因为玩游戏会让孩子学习退步？大多数在顶尖名校上学的学生都会玩游戏。游戏和学习成绩之间不存在关联。毕竟，不玩游戏也不一定会去学习，就更不用说能不能提高成绩了。首先，让我们抛开"游戏是万恶之源"的观点。

接下来,有两种可能的解决方案。

第一种是比较传统的方法。首先,父母要和孩子好好谈谈沉迷游戏后出现的各种问题。然后,让孩子自己制定规则与惩罚措施,父母可以与孩子一起商量调整。因为比起父母单方面制定的规则,孩子更有可能遵守自己制定的规则。

让他把规则和处罚写在纸上,贴在家人都能看到之处,比如,"每天最多玩一小时,如果不遵守的话就一周内不能玩游戏"。

假如真的要执行处罚,孩子哭闹或者发脾气,这种时候一定要保持严肃,坚持原则——这非常重要。这样一来,孩子沉迷游戏的情况就能逐渐改善。

第二种方法就是简单粗暴地让他彻底放开了玩——一种出其不意的"发扬优势法"。虽然可能有点"不切实际",但是说不定孩子的优点就在于此(游戏)呢?

在面对自己感兴趣的事情时,孩子会迸发出令大人都叹为观止的热情。如果这真的就是他想做的事情,那么游戏应该能给孩子带来名为"快乐"与"满足"的幸福感。有些知识与才能只在游戏的领域中开花结果。游戏成为孩子未来的梦想或工作的可能性并非为零。

事实上,很多IT企业家在童年时期都沉迷于游戏,甚至废寝忘食地沉浸在游戏之中。据他们本人所述,他们小时候在家里从来没有受到过游戏方面的限制,可以说这是非常棒的家庭环境了。

然而，作为父母，我可以理解他们的担心：一个喜欢玩游戏的孩子并不一定就能够成为什么IT企业家，谁也不知道痴迷于游戏的孩子的生活会变成什么样。

　　选择哪种解决方案交由你和家人来决定，但是要记住：半途而废是最差的选择。

Q6 假如突然开始夸奖孩子,孩子会不会感到困惑

我有两个儿子,一个上初二,另一个上小学六年级。可能因为两个都是男孩子,所以我对待他们一直比较严厉。假如有一天,我突然改变态度,开始用"魔法金句"称赞他们……他们会不会因为这种突如其来的变化而感到困惑?只是暂时改变自己的说话方式的话,我也许做得到,但是长期的话我就没自信了。

(化名 柳泽)

A 请做到"渐变"

如果妈妈的态度突然改变,任何孩子都会觉得奇怪,也会感到困惑。

正如我们在第二章中提到的,孩子对父母"刻意"的态度是非常敏感的。

所以理想情况是家长渐渐改变说话方式,最好不要让孩子察觉。

要是孩子这样想"妈妈最近很奇怪""妈妈怎么了""妈妈想

干什么",那就没效果了。

用数字表示可能更容易理解。 一开始一天一次,下一周可以尝试一天三次,接下来的一周可以尝试一天五次……这位妈妈可以先从能做到的方面开始,逐渐尝试去改变自己的语言、意识和行为,要从细节开始慢慢改变。

这是我在指导学生学习时经常使用的方法。慢慢地把学生拉进这种节奏,让他们在不知不觉中解决高难度的题目,不知不觉中提高解题的能力。

如果这位妈妈真心希望改变自己以往的教育方式,使用"魔法金句"来提高孩子的自我肯定感,那么这个"渐变策略"就会奏效。坚持下去,不仅仅是两个孩子,说不定这位妈妈自己也会有很好的变化。

Q7 孩子不管做什么，都是三分钟热度

我的女儿上初中三年级了。游泳、钢琴、足球、跳舞……不管什么她都想学，但是很快又会厌倦，没有一个能学长久。我本来的想法是，她不是很擅长学习，要是能有一门特长就好了。但是现在让她学这学那，却没有一个能坚持下去，也没有任何成果。作为家长，我应该怎么办才好？

（化名　山口）

A 请感到庆幸：幸好我的孩子知道及时止损

其实无须担心孩子的"三分钟热度"，因为无论时间有多么短暂，那份经历对孩子来说都是有意义的。

除了这位家长之外，还有很多家长都向我咨询过"孩子太没耐心了"……但是为什么非要让孩子坚持下去呢？坚持下去又能收获什么呢？

家长应该这样去想：也许你的孩子现在正在通过尝试各种活动来寻找自己的天赋与才能。丰富的经历可以帮助孩子最终找到一条适合自己的道路。连孩子本人都还没意识到的某件事，可能即将成为孩子人生中的精神食粮。为了找到这件事，哪怕

是"胡吃海塞"全都尝试一遍也没关系。家长并不需要去特别关注孩子做事是否有"常性"。

为什么这位妈妈要把"没有常性"当作一件坏事呢？孩子没办法坚持一定是因为不开心，坚持做令自己不开心的事情只会不断积累精神压力。

这位家长的孩子的反应十分正常：不想做的事情，令自己感到不开心的事情，会让自己感到有压力的事情，果断放弃。

"**坚持就是力量**"这句话固然有它的道理，但是如果不想坚持，那就不要坚持。"**不想坚持没办法变成力量**"（当然，也有一些人即使不喜欢某件事也会坚持下去，最后喜欢上了这件事，但这种情况非常罕见）。

"将一件事做到极致"是父母对孩子抱有的自私的希冀。如果孩子找到了自己想要做到极致的事情，那么即使父母不说，孩子也会自愿去做到极致。

所以作为父母，不要去谴责孩子："怎么又不干了？"最好的应对方式就是：什么都不要说，什么都不要做。

愿意尝试的孩子迟早会找到心仪的领域，只要家长秉持着这样的心态，去关注、守护孩子探索的过程，孩子就会自己行动起来。

Q8 平时很少与孩子聊天，没有机会使用"魔法金句"

我的丈夫因为工作常年在外出差，家里只有我和上高一的儿子。因为我也有全职的工作，所以和孩子在一起的时间很少。加之我家是个男孩，平时很少交流。就算想用"魔法金句"也没办法，这让我很烦恼。

（化名　吉田）

我的儿子上初中二年级了，正处于叛逆期。不管我说什么，他都不理我。尽管如此，我还是不认输，一直尝试用"魔法金句"。结果他反而会很逆反地顶嘴，比如"真烦""好吵啊"。我感觉我用"魔法金句"反而让他更生气了，我还能用吗？

（化名　古川）

A 日常对话中不要强行使用"魔法金句"

你是否认为"魔法金句"中的积极词汇是需要有一个主题来借题发挥后，才能用在与孩子的对话中？其实不必如此刻意。

比如，当一个孩子参加完社团活动回到家时，家长与孩子可以有这样的对话：

"比赛怎么样?"

"我们队赢了。"

"哦,太好了。"

这样的对话就足够了。接下来如果孩子还为你做了点什么的话,说句"谢谢"就行了。正因如此,"太好了"和"谢谢"才能成为"魔法金句"。请注意,不是"魔法对话",而是"魔法金句",所以就算孩子不回应也没关系,我们不必做出特别的反应。

"魔法金句"不需要对话也能派上用场。正因为你扔出的是一个简短的句子,它才更能直达孩子的内心。

虽然第一位家长说自己和孩子几乎没有交流,但是总有哪怕只是一个词的交流或互动吧?

"早上好""要再来一碗米饭吗""有没有衣服要洗,有的话就拿出来",这样的交流难道也没有吗?请试着在这些场景下使用"魔法金句"吧。虽然可能见效很慢,但一定会渐渐起作用的。

积极的语言可以改变家庭氛围,接下来你会发现孩子身上的诸多变化——孩子开始主动跟你说话,脸上的笑容开始变得越来越多……请享受这些有趣的变化吧。

第二位家长也不用担心。你可以把孩子的反应看作是非常在意的表现。家长想说的话孩子确实已经接收到了。把孩子叛逆的言行当作是将要好转的迹象，然后顺其自然就好。即使在家里没有丝毫改变的迹象，孩子在外面的状态也会开始慢慢改变。首先，他会开始对朋友以及其他人更加宽容，人缘会变好，渐渐地在家中的言行也会出现这种倾向。

这两位妈妈似乎都认定了处于青春期的叛逆男孩"不会和父母好好讲话"。请记住不要强迫孩子与自己对话，只要主动抛出一些简单的话题即可。

"最近学校怎么样""学习进展如何""什么时候考试"，家长们觉得这些话题如何？

没错，这是家长不该干涉过问的事情，这种时候唯一的答案只会是"没什么"。

"听说今天下午要下雨。""听说某某的博客又火了。""今天某某线路因为事故停运了，没事吧？"

这种生活中闲聊的话题就很好。或许孩子一开始毫无反应，但没关系，继续保持这种风格吧。

Q9 "魔法金句"的效果可以持续到几岁

"魔法金句"需要多长时间才能起作用？我的女儿和儿子都已经是高中生了，"魔法金句"对高中生也有用吗？

（化名 仲川）

A 不论多少岁都有效。一般来说持续三周能见效，快的话一周之内就能见效

根据以妈妈们为对象的调查结果显示，一般来说，包括"试用期"在内三周就有效果了。首先请先坚持试用一周。只要坚持一周，妈妈的情绪首先就会发生改变。

即使孩子没有太大变化，从把"魔法金句"说出口的那一刻开始，你就会发现自己的内心发生了变化——感觉好极了。

除了"一点儿都不像你"之外，其他九句"魔法金句"都是积极语言。在使用的过程中家长也能够慢慢发现孩子的优点——家长的思维方式会首先发生改变。

妈妈的变化大概需要一周时间。三周后，孩子也会发生变化（由于个体差异，不能断定都是三周时间）。对于一个长期以

来都没有自我肯定感的孩子来说，在三周内迅速改变可能会比较困难。这取决于孩子的过去有多少自我肯定的"负债"，不过即便是自我肯定感较低的孩子也会一点一点发生改变的。

对这位家长另一个问题的回答："魔法金句"对高中生也有效。对成年人，对家长本人，对丈夫，对朋友都有很好的效果。

只给孩子用似乎太可惜了，请多多践行你的"魔法金句"吧！

Q10 即使封印了"快去学习"这句话，孩子的成绩仍在下降

我是一名小学六年级女孩的母亲。您曾经提到，每说一次"快去学习"，孩子的成绩便会下降一点，我对此颇为认同，所以有一阵子没有对孩子这么说了。结果孩子的成绩不但没有提高，反而越来越差。这让我非常焦虑，真的可以对孩子放任不管吗？我很难做到信任孩子。

（化名　芳冈）

A 先放下你的期待，试着放弃一次

"只要不对孩子说'快去学习'，那么他就能开始主动学习，成绩也应该会有所提高。"这位家长，您是否怀抱着这样的期待？原则上来说，孩子的成绩应该会提高，但是一旦掺杂家长的期待与欲望，这句话就会失去效力了。这位家长虽然没有把"快去学习"说出口，但表现出的态度出卖了自己，又或者是以别的形式将自己的焦虑与不满发泄到了孩子身上。许多妈妈都可能会这么做，而这一切的根源都在于家长对孩子的"期待"。

请放下这些期待。当你抱有期待时，绝望总会降临（详见

第 134 页）。你对孩子应该抱有信赖，而不是期待。

这听起来可能像是那种假大空的漂亮话，但这确实是育儿的唯一真理。所谓信赖，就是给孩子完全的自由。对于选择了"不学习"的孩子，暂时先把选择权交给他本人。

信赖孩子，就是乐观地守护孩子的选择。感到沮丧或焦虑时，家长是不乐观的，也没有做到观望与守护。父母的焦虑一定会影响孩子，孩子会跟着一起焦虑。

家长应该做的不是去干涉孩子，而是先取悦自己，为了自己的心情可以保持美丽而不断投入时间与精力。因为在焦虑或沮丧的状态下，家长是不可能信任孩子的。

至于考试成绩就先放在一边，暂时放弃对孩子的期待吧。

有些妈妈可能会说："我不想放弃，降低期望值可以吗？"但是要降低期望值实在是太难了。期望没有中间地带，只有"期待与不期待""0 或 100"。

虽然希望孩子能得满分，但是 70 分也可以。这样想着，然后告诉孩子"考个 70 分总可以吧"，这样做其实并没有降低自己的期待。所谓期待不是一个数字，本质上来说是家长的感情与愿望。你真的能做到如此精准地调整自己的情绪分量吗？

所以，首先要暂时放弃期待、停止期待。不管是 100 分、70 分还是 30 分，都不要去期待。信任你的孩子，让他放手去做。只要你能做到这一点，孩子的心态一定会变得积极向上。

此外，孩子真正想做的是什么，真正感兴趣的是什么，请务必与孩子一起探究。

当父母了解孩子的喜好并且支持孩子时，孩子的意识就会完全改变。你也会发现，认真地对待兴趣，总有一天会帮助学习进一步提升。

"考试成绩下降并不会让谁丢了性命""学习不好并不意味着不幸福""想做的时候就去做"，像这样放松心态，静静守护的姿态对于改善现状来说也很重要。如果父母真的信任孩子，孩子就会去学习，就会变得能够做出"为自己好"的选择。

"父母变了，孩子也就变了"。

请在内心再重复一遍这个事实。

现在，给那些不信任孩子的妈妈们一些实用的建议。

请准备好纸和笔，把你能想到的无法信赖孩子的理由写下来，把所有你在意的事情写下来，比如不遵守承诺、撒谎、拿着学校的文件不给父母看……

比方说写到一条"逃补习班的课"，然后问一问自己"为什么孩子要逃课"。得出"因为孩子讨厌学习"这个答案后，再问自己"为什么孩子讨厌学习"，像这样重复问"为什么"后就能看到"逃课"的本质在于"觉得学习没意思"。

再然后问自己"该怎么办才好"，因为"怎么办"这个词会引导你产生积极的想法,可以一下子把"为什么"引导出的消极回答变成积极的答案。

"让孩子做擅长的事,让他如鱼得水。"

"问问孩子学什么觉得有意思。"

"增加令孩子感到快乐的事情(除了学习)的时长。"

即使以上这些都不是正确答案也没关系。通过把烦恼写下来,家长的烦恼和消极情绪就被可视化了,变得更容易整理,也更容易产生积极应对的心态。

在写下自己的烦恼时,家长或许也会回想起"做没意思的事情一定很痛苦""我小时候也讨厌数学"这样的事,可能会更理解孩子。这就足以让"写下烦恼"这个行为变得有意义了。

虽然这种方式非常传统,但是当你陷入僵局时,就会对调节情绪产生特别的帮助。

Q11 找不到孩子的任何优点和长处

我很乐意挖掘孩子的优点,以及使用"魔法金句"。但是小学四年级的儿子不给我看学校通知等文件,书包里和抽屉里乱七八糟的,他总是在玩手机、玩游戏,学习成绩自然也不好,也不擅长运动,性格也不是很开朗,还经常发脾气。坦白地说,我儿子身上实在没有什么值得称赞之处。我不知道该怎么去说"太好了""真棒"这些话。

(化名 武田)

A 不存在没有优点的孩子

人们只能看到他们想看到的,只能听到他们想听到的。

心理学上将这种现象称之为"鸡尾酒派对效应",即大脑的工作方式就是只能选择性地看见或听见自己所需要的。

虽然听上去可能有点冒犯,但是这位家长是不是并不想看到孩子的优点呢?当想要找到别人的缺点时,人们就只能看得到缺点。

到目前为止,我已经直接教过三千五百多个孩子,没有优

点的孩子根本不存在。

擅长学习、喜欢运动、体贴周到、性格开朗……很多妈妈似乎都认为只有社会公认的、明显的优点才算是优点，然而事实真如此吗？定时给花草浇水、笑声爽朗、认识很多种昆虫、跑步很快、喜欢小动物……仔细观察孩子的话，其实可以发现很多优点。

孩子的某个特点乍一看像是缺点，仔细观察之后会发现其实是优点。比如，"注意力不集中（缺点）的孩子"反过来说是"比较容易注意到周围变化（优点）的孩子"。所以，请努力寻找孩子的优点吧。

这位家长肯定也希望提高孩子的自我肯定感，对吧？**想提高孩子的自我肯定感，首先必须努力找出孩子的优点。**

这位家长的孩子做事情有自己的节奏，性格率真，对于自己喜欢的事情有极大的热情……在我看来，这些都是他的优点。

有时候孩子经常发脾气是精力太旺盛所致。孩子不知道要将这股精力宣泄到哪里，所以才会定期爆发。

随着时间的推移，这些能量会趋于收敛，孩子会逐渐恢复正常。只要不会影响到他人，家长就不要以太严肃的目光看待此事，请试着享受观察的乐趣，例如："啊，简直就像观察猴山上的猴子一样有趣。"

只要妈妈愿意多去发现孩子的优点,孩子的生活就会变得轻松,所以请先找到孩子的优点吧。家长越是能专注于孩子的长处,孩子就越会发生好的变化。

Q12 孩子既没有梦想也没有目标，让人很担心

我问我女儿（初中二年级）未来的梦想是什么，她告诉我说她没有梦想，也没有目标和希望。我听后吓了一跳。她没有特别想去的高中或大学，对社团活动也没什么兴趣，除了玩游戏和读书之外，似乎没什么特别想做的事。成绩也就是中等水平，她自己觉得"普普通通就很好"，但我很担心她的未来。

（化名　小真）

A 没有梦想和目标其实很正常

表示自己有梦想的孩子中，大约有 80% 只是因为被问到才这么回答而已，大部分的中学生对将来没有具体的梦想。

父母往往会把自己的经历抛诸脑后，认为"人都应该带着梦想生活"。但是请各位家长回想一下自己上初中的时候，真的是带着梦想在生活吗？你是否坚定地制订了一生的目标，每天都为之努力？或许有些人的确是这样的，但绝大多数人都无法做到这一点。

当然，每个孩子最好能拥有梦想和目标，它将成为一个人

充满激情地度过学生生活的动力源泉。

不过,假如现状就是"现在没有梦想"的话,巧妇也难为无米之炊啊。

这位家长的孩子之所以"没有梦想",是因为她还不太了解这个世界。孩子的行动范围有限,每天重复着同样的事情,身边很少有人为追逐梦想而发光,因此很难责怪孩子找不到梦想和目标。

在未被发掘前,所谓的天赋其实潜藏在内心深处。只有在各种刺激和经验的积累中,沉睡的天赋(个性)才会被唤醒并生根发芽。如果家长想让孩子找到他的梦想,一定要让他多多见识多姿多彩的世界。

这个世界上有男人、女人、老人、孩子,还有不同的人种;学习的领域除了在学校学习的主科以外,还有美术、哲学、建筑、医学、农业、工业、航天工程、IT行业等;除了上班族与公务员,还有五花八门的职业,当然,"发明"一门只属于自己的职业也是可以的。

二十一世纪不同于二十世纪,新的行业将不断涌现。请家长们告诉孩子:他完全可以把自己的兴趣当成工作来生活……

孩子天生就渴望着更广阔的视野,渴望新知与改变。

Q13 孩子的爸爸老说"禁语"怎么办

我们家是三口之家，我、丈夫还有一个上小学三年级的女儿。我基本上采用的是"放养式教育"，从来没有对孩子说过"快去学习"之类的话。但是我的丈夫总是唠叨个不停，每天都在不停地说"禁语"。女儿每次都是非常不情愿地学习，有时还会变得很逆反，大喊："爸爸最好不要回家！"在这种时候，我能做些什么呢？

（化名　五十岚）

A 保持现状就好

其实，保持现状就好。当然，夫妻之间的教育方针能够统一是最理想的，但是不一样也没关系。即使爸爸每天都在说"禁语"，只要这位妈妈用轻松的态度说上一句"也没那么严重"就能维持家庭内部的和谐。

当然，假如教育方针一致，孩子的爸爸也能使用"魔法金句"就再好不过了。

"多亏了孩子爸爸总是那么严苛，女儿才会觉得'妈妈真好'，妈妈不是很走运吗……"请这样想吧。

虽说听到孩子说出"爸爸最好不要回家"这种话,很难坐视不理。但是孩子讨厌爸爸的情况未必会一直持续下去。**孩子每天都在成长,每天都在变得越来越成熟,亲子关系的格局很快会发生改变。**

这位妈妈可能会担心:如果继续下去,孩子或许会恨爸爸一辈子。但是,就算这么想也无济于事。万一真的发生了这种事,那也是"爸爸自作自受"……

这位妈妈,请像以前一样悠闲地照顾孩子,和孩子建立亲密的亲子关系吧,一如既往地对待孩子。

在育儿这件事上,很多母亲比父亲更具主导权。所以,即使孩子爸爸不断使用消极语言,妈妈也可以用自己的"魔法金句"来抵消掉消极影响。

等会儿再听你说

第4章
父母也需要提升自我肯定感

父母的不安会化为对孩子的"咒骂"

"学习要更努力一点""乖乖听话""快点去做"……

面对不听话的孩子,父母难免会不耐烦地提高嗓门说出上面这些话。其实,这些言行的背后,可能暗藏着父母自己的焦虑。

"这样的成绩太丢脸了。""这种事都做不好的话会被别人笑话。""学习这么差,将来肯定没什么出息。"即便父母的初衷是为孩子着想,但说出这种话也只是为了消除自己的不安罢了。

此外,很多父母还会倾向于把孩子的考试成绩当成对自己的评价。

如果孩子成绩不好就会将"我的孩子不够优秀"直接等同于"我不够优秀",仿佛自己也被否定了一样。

这就是父母总是不停唠叨的原因之一。

孩子是孩子,父母是父母,二者是拥有独立人格的不同个体。

"被不断唠叨的孩子越来越讨厌学习→成绩下降→父母继续使用'禁语'……"恶性循环就这样形成了。

那些考试成绩不好的孩子,那些只会玩游戏的孩子,那些认生、消极的孩子,那些运动神经不发达的孩子,他们真的没用吗?真的前途渺茫吗?

答案是否定的,这只是人们的偏见。

即使培养出了令所有父母羡慕的"优秀孩子",孩子本人也不一定感觉得到幸福,也不一定拥有幸福的人生。

虽然学习成绩不怎么样,但是凭借个人兴趣和对擅长领域的探索过上了幸福生活的,大有人在。这一点我们大人应该最清楚,不是吗?

孩子本来没有"世事艰难"或者"不努力就不会幸福"的概念,都是关心孩子教育的父母在育儿过程中不断唠叨"你再这样下去就没有未来了",才将负面价值观灌输给了孩子。

由此可知,正是父母的焦虑限制了孩子未来的可能性。另外,这种焦虑也会给自己徒增烦恼。请各位认清这一事实,只要多加留意,就一定会有所改变。

希望和绝望总会一同到来

说到底,"咒骂"是父母对孩子希望的外在表现。

希望孩子懂礼貌。

希望孩子活泼开朗。

希望孩子擅长学习。

希望孩子能被所有人喜爱。

希望孩子能够克服艰难险阻。

……

希望数不胜数,永无止境。

但是,父母所描绘出的理想中的孩子与现实中的孩子之间存在着巨大的鸿沟。

这里不够好,那里也不行,父母眼中只看到孩子的不足之处,自然会感到失望。

接下来，我要说一个令人震惊的事实。

那就是，有所期待时，绝望常会相伴而来。

为了弥补理想与现实之间的差距，父母开始挑剔孩子。这是许多父母最擅长的事情——"纠正缺点"。

把自己梦寐以求的理想中的小孩和现实生活中的孩子相比较，父母自然会感到幻灭、失望，甚至怨恨，孩子自然会觉得无法忍受。

"我没有那么高的理想。优秀也好，平庸也罢，他只要当个普通人就好。"有的妈妈会这样想。

但"让孩子当个普通人"又何尝不是一种"希望"？

很多妈妈希望孩子能做个"世俗标准下的普通人"，所以对好恶分明、个性独特的自家孩子感到失望，这样的例子我见过太多。其实，具有独特个性的孩子往往都有着极强的天赋，未来的可能性也更多。

我认为：父母之爱就是无条件地接受孩子，认同并接受孩子的一切。

"如果他能达成这个目标，我会认同他""如果他能做到这件事，我会更爱他"——附加条件的爱，并不是真正的爱。

"如果乖乖去上补习班，我就会认同他""如果拿到满分，我就会表扬他"……

　　如何？请冷静下来，扪心自问：是否自己也经常给孩子各种附加条件的爱。

　　如果没办法达成父母的希望，就不配得到父母的爱，这样的孩子是非常不幸的。

有时需要学着"放弃"

"如果让他做作业,他就会四处乱逃。有时候甚至逃课跑回家。我该怎么办?"

前几天,一位叛逆期男孩的妈妈找到我,做了上述咨询。这位妈妈想尽一切办法让孩子坐在书桌前,但是始终没有成功,似乎已经无计可施了。

对这位妈妈的建议,只有一条:
那就是"放弃"。

家长可能会觉得:你怎么能说出这么无礼且不负责任的话!

但是在这种情况下,除非父母首先解决自己的问题,否则现状不会有任何改变。

面对一个不听话的孩子,情绪变得激动,大声训斥或者威胁性地开始说教,甚至脱口而出"我不管你了"——这些都是父母无法控制自己的情绪所引发的问题。

这种时候我们该怎么办呢？

答案就是"放弃"。这里所说的"放弃"，是指父母放弃对孩子的期待。首先要舍弃的就是"孩子认真做作业""孩子好好去上学"的期待。

这可能吗？是的，请鼓起勇气，放下这些期待。

我所提议的"放弃孩子"绝不是极端的冒险行为，也绝对不是要家长放弃抚养孩子的意思。

家长们是怎么想的？如果"放弃"了孩子会发生什么？孩子会越来越随心所欲、失去控制，事态一定会变得十分严重吗？

未必如此，与之完全相反的事或许正在发生。

"放弃孩子"是指放弃家长在不知不觉中对孩子的执念，家长无条件地去信任孩子。这代表着用爱来育儿。

不是监视，不是检查，而是保持一种温情守护孩子的姿态：假如你有了烦恼，不论何时我都会在这里支持你，帮助你。

如果你能像这样"放弃"，孩子就能摆脱父母的束缚（名为"希望"的束缚），变得自由自在，那些问题行为也迟早会消失不见。

父母感到幸福，孩子才会幸福

只能看到孩子的缺点，是因为观察者（即父母）的心理出现了问题。

面对爱哭爱笑、情绪起伏比较大的孩子，有的妈妈觉得这种孩子只是情感表达比较激烈而已，而有的妈妈则会认为这样的孩子太难养、太吵闹。这与观察者的理解方式不同有关。

那么，孩子更希望被谁观察呢？

如果是你，你觉得用哪种眼光来看待孩子能变得更幸福呢？

让我们再来做一次"幻想实验"。

不管你是否相信，你今天竟然中了一千万元的大奖！这不是梦，是千真万确的事实。无论你确认了多少次号码，都与中奖号码一模一样，你终于中了一千万元！

你孩子坐在旁边，他没有学习，而是看着漫画哈哈大笑。

这个瞬间，你会大声训斥孩子"别看漫画了，快点去学习"吗？

大概只会忙着高兴,根本顾不上批评孩子吧?只会忙着在心里盘算这一千万元能用来干什么、该怎么用、该跟谁说。对了,可以去旅游,可以拿来买房子,等等,你不断展开幻想。无论孩子的成绩是40分,还是他又逃课了,抑或是沉迷于游戏,你是不是都顾不上在意这些?

"只得了40分?没关系""补习班嘛,偶尔逃课也没关系""那个游戏好像很有意思,妈妈也想玩一下",有些家长甚至会这样跟孩子说。

"中了一千万元的彩票"只是一个极端的例子,但有时候这种疯狂的幻想是有意义的。如果父母是快乐的,那么他们对待孩子的方式就会发生很大的变化。

人这种生物,如果自己快乐,就会对他人宽容,变得可以原谅他人的失败,变得难以察觉他人的缺点。同时,他人身上隐藏的优点也会变得愈加明显。

如果家长们心满意足,非常快乐,那么就能用"乐观的眼光"去看待孩子,而不是用"焦虑的眼光"去过度干涉孩子。如果你是一个快乐的人,你就不会在乎别人的事情,即使那个"别人"是你的家人。

这样一来,家庭就成了孩子能够放松身心、享受人生的"港湾",成了他可以尽情发挥自己独特才能的天地。

**"父母感到幸福,孩子才会幸福",
这就是事实。**

如果父母希望孩子幸福,那么应该先享受自己的人生,让自己开心起来。没错,请从自己开始,"幸福"起来。

创造属于自己的心动时间

"无论如何我也不能放弃对孩子的希望。"

"放弃这种事我做不到。"

持有这种想法的父母,请认真地思考一下,除了与孩子有关的事情,还有什么事情能让自己感到开心?把精力集中在让自己感到兴高采烈的事情上。

- 和朋友去吃午餐。
- 去看想看的电影。
- 来一趟说走就走的旅行。
- 把附近的甜品店吃个遍。
- 沉浸在一直想看的长篇漫画中。
- 在健身房里挥洒汗水。
- 去做一次SPA放松身心。

……

寻找任何能让自己心情愉悦的事情。坦诚面对自己，去做那些让你着迷，让你感到快乐，让你精力充沛的事情。只要自己感到快乐，就不会太在意别人的事情了，就算是自己的孩子也不例外。

有些妈妈可能会因为发展自己的爱好而感到内疚：妈妈一直忙着让自己开心，会不会有点对不起家里人？

但就像世界上没有"理想中的孩子"一样，当然也没有"理想中的母亲"。家长们不必非得成为完美的父母。

找到了自己想做的事情，妈妈每天都玩得很开心。假如这样快乐、心情好、满面笑容的人在你的身边，你是不是也会不由自主地开心起来？这对于其他家庭成员来说是一样的。

孩子每天都在看着父母学习如何生活。妈妈什么时候会非常高兴？爸爸会为了什么生气？孩子观察到的父母的状态就是他学习模仿的样本，继而对孩子的一生产生深远的影响。

为人父母，重要的职责之一不就是用自己的人生真实地向孩子证明"人生是非常有趣的"吗？在成长的路上，孩子想看到的一定不是父母的背影，而是父母的微笑。

不要等待一千万元的大奖了（因为概率确实很低），自己来创造一段心满意足、兴高采烈的时光吧！

在为孩子的事情发愁之前，先想想什么能让自己开心，试着找回那些被你遗忘的时光。

只要拥有愉悦的心态，那么不知不觉中对孩子的过高期待就会消失，父母也就可以学会"放弃式（信任与守护）育儿法"了。

对自己施展"魔法金句"吧

肯定他人的语言也可以用来肯定自己。积极的语言有消除消极情绪的作用，可以抚平内心的嫉妒、不满、焦虑和愤慨。

越是经常使用积极语言的人，在生活中感受到的幸福就越多。

十句"魔法金句"，不就是积极语言吗？

"魔法金句"不仅能让听到的人感觉良好，也能让说话的人心情变好。

长大成人以后，坦率地表扬、赞美他人的机会大大减少了（出于礼节，客套话会越来越多）。

所以，你可以尝试对自己说积极的话语："真棒，太好了，真厉害。"主语当然是"我"。

"我真棒，我太好了，我真厉害。""我很了不起，我很开心，不愧是我。"。

自言自语也无妨。只要你想到了就随时随地尽情说出来。对自己说"没问题"也很好，多多益善。

也许你会想:"这样是不是看起来太傻了……"不妨先去尝试一下,如果试过之后发现没有效果,就不用勉强自己。

那些下意识中反复说出的词语是最具有力量的。与其常把自卑的话挂在嘴边,倒不如常对自己说"我真厉害"更能治愈自己的心灵,让自己开心。

对自己施展"魔法金句",打破焦虑的束缚吧。

大人是一种麻烦的生物,如果不管他们,他们的思想就会出现消极的倾向。所以,家长们,请把努力讨好自己作为第一要务。

父母放下焦虑,"保持每天心情愉快"是提高孩子自我肯定感的最强且最快捷的手段。

自我肯定感高的孩子非常乐观,他们认为"生活很有趣""可以按照自己的想法改造世界"。他们真心相信"不论发生什么,人生都能够非常幸福"。

这样的魔法,请不要仅仅施展在孩子身上,也施展在自己身上吧!

后 记

感谢各位读者一直读到这里。

本书稍微改变了一下之前的写实风格,换用了更为轻松的语言风格并加入了易于理解的漫画插图。之所以选择这种风格,是因为本书的主题是日常对话中的"魔法金句"。

"魔法金句"有一个特点:如果太过认真地使用,它反而不会见效。认真对待孩子的教育是一件很好的事情,但有时候过于认真就会把事情看得很"严重",当事情变得"严重"时就会相当棘手。另外,说到教育,往往会出现一些难以理解的内容。如果我写了一堆难以理解的内容,我们的"认真"就会让事情变得更加"严重"。我尽可能把这本书写得轻松欢快,是为了方便家长朋友们去实践。

语言的力量是非常强大的。语言可以拯救我们的生活,也可以摧毁我们的生活。当然,亲子间很少会刻意用语言打击彼此。

然而,有时即使你没有此意,也会在无意识中使用打击别人的语言。这才是最可怕的事情,不是吗?

正因为根本不知道自己是否使用了"禁语",才会觉得"为什么我的孩子永远都不行",心情就会变得更加烦躁。这也是没办法的事,因为没人告诉你该不该继续说这种话。

如果有人当着你的面直接指出来,你一定会感到火冒三丈。所以我在写这本书的时候,希望各位家长可以用这本书来进行每天的"语言自省"。

最后的最后,我想与各位分享我在"妈妈学习会"和演讲会上经常讲到的内容。

我说过:"禁止使用三句咒骂之语!"很多妈妈听了之后就立即开始实践,取得了很好的效果。

所以,如果你能做到的话,那就尽量减少使用这三句"禁语",然后试着多用十句能提高孩子自我肯定感的"魔法金句"吧。

人难免会有疏漏之时,如果没有办法经常有意识地去使用这十句"魔法金句",有一个更快捷的方法来提高孩子的自我肯定感,那就是"请妈妈试着享受每一天"。当妈妈对生活充满激情的时候,孩子也能感受到。他或许不会听父母的话,但是他能够感受到父母的情绪,也会受到父母言传身教的影响。

一旦父母懂得为自己的生活增添乐趣,接收到父母情绪的孩子也会自然而然地认为自己也应该对生活充满激情。

生活乐趣带来的"兴奋感",就是提高孩子自尊心和自我肯定感的力量源泉。

那么,妈妈要怎么做才能让自己每天都精神饱满呢?要做到这一点,就不能老是想着牺牲自己的时间去照顾孩子,而是要去令自己兴奋的地方,和令自己快乐的人待在一起,吃一顿令自己幸福的晚餐。

换句话说,就是多去接触那些能振奋精神的人、事、物。

不知不觉中,妈妈开始享受自己的生活,变得开心起来。最终,妈妈会发现孩子的优点,对孩子说的话也会自然而然地变得积极。

请务必精神饱满地度过每一天。

石田胜纪　写于东京某处咖啡厅